STABLECOIN

人人都懂
稳定币

Web3/通证/RWA
改变货币、商业与世界

罗金海　柳志伟　申屠青春 ◎ 著

北京大学出版社
PEKING UNIVERSITY PRESS

内容简介

稳定币作为数字时代的新型货币形态,近来备受关注。本书系统剖析稳定币的技术本质(法币/加密资产/算法锚定)与代表案例(USDT、USDC、DAI、UST等明星项目与中国香港的双币锚定模式),详细介绍什么是稳定币、稳定币的类型、稳定币的锚定机制、稳定币的技术效率与去中心化,以及稳定币与RWA(真实世界资产)、DeFi等内容,并讨论了稳定币的合规性与可能存在的风险,适合对区块链及数字货币感兴趣的读者阅读参考。

图书在版编目(CIP)数据

人人都懂稳定币 / 罗金海,柳志伟,申屠青春著. -- 北京:北京大学出版社,2025.10. -- ISBN 978-7-301-36734-6

Ⅰ.F713.361.3

中国国家版本馆CIP数据核字第2025VG8491号

书　　　名	人人都懂稳定币 RENREN DOU DONG WENDINGBI
著作责任者	罗金海　柳志伟　申屠青春　著
责 任 编 辑	杨爽
特 邀 编 辑	马琼
标 准 书 号	ISBN 978-7-301-36734-6
出 版 发 行	北京大学出版社
地　　　址	北京市海淀区成府路205号　100871
网　　　址	http://www.pup.cn　　新浪微博:@北京大学出版社
电 子 邮 箱	编辑部 pup7@pup.cn　　总编室 zpup@pup.cn
电　　　话	邮购部 010-62752015　发行部 010-62750672　编辑部 010-62570390
印 刷 者	天津中印联印务有限公司
经 销 者	新华书店
	787毫米×1092毫米　16开本　13印张　177千字 2025年10月第1版　2025年10月第1次印刷
印　　　数	1-6000册
定　　　价	69.00元

未经许可,不得以任何方式复制或抄袭本书之部分或全部内容。
版权所有,侵权必究
举报电话:010-62752024　电子邮箱:fd@pup.cn
图书如有印装质量问题,请与出版部联系,电话:010-62756370

前言

货币的数字化浪潮正深刻影响金融生态。

本书以细腻的笔触厘清一个关键概念：加密资产≠数字货币。以比特币为代表的加密币，本质是去中心化的"数字资产"，其价格波动性更趋近贵金属的投机属性；而稳定币的核心价值在于锚定现实资产（比如法币、债券等），延续了北宋"交子"以抵押担保实现信用转化的逻辑，是技术赋能传统金融的创新尝试。

稳定币的突破性在于：通过链上交易实现高效的点对点流通，却因现实资产抵押形成"半中心化"约束，这种设计既呼应了数字经济的效率需求，又为风险防控留下关键闸门。当前全球货币体系正面临两难抉择：若央行直接发行完全的去中心化数字货币，将削弱国家的宏观调控能力；若放任私人发行完全去中心化的虚拟货币，又有可能危害国家货币主权。

我国在数字货币领域的探索始终秉持"稳中求进"原则：中央银行数字货币通过可控匿名与双层运营体系，既保障交易便捷性，又牢牢掌握货币发行权与监管主动权。本书揭示了这样一个深刻道理——真正的金融创新必须锚定实体经济，坚守风险底线。

在人民币国际化与数字经济崛起的时代关口，此书对公众理解货币本质、辨明创新边界具有重要启蒙意义。

温馨提示:

扫描下方二维码,或者本书封底二维码,输入资源下载码36734,可获取本书配套相关课程。

目录

第1章 什么是稳定币

1.1 货币的本质：权力的映射 /1
1.2 从金本位到"链本位" /3
1.3 稳定币的五大基本特征 /4
1.4 稳定币的核心就是"稳定" /6
1.5 所以，到底什么是稳定币？ /7

第2章 稳定币的演变和发展

2.1 影子锚定时代："地下银票"的复活 /10
2.2 合规与分化：从"野狐禅"到"正规军" /11
2.3 DeFi 基础货币化：从交易媒介到金融血液 /12
2.4 算法稳定币的梦想与幻灭：数学能否承载信任？ /12
2.5 监管重构与资产映射："影子金融"迎来制度之光 /14
2.6 走向金融中心之路：稳定币的二条未来路径 /15

第3章 稳定币的类型

3.1 法币抵押型："皇室之子" /17
3.2 加密资产锚定型："自立为王" /19
3.3 算法锚定型："草莽帝国" /20
3.4 抵押混合型：老谋深算的权臣 /21

3.5 双币锚定型："折中主义"的试验田 / 22
3.6 其他类型："多神信仰"的货币实验场 / 22

第 4 章 稳定币的应用
4.1 完美货币三位一体：记账、交换、储藏 / 26
4.2 跨境结算 / 28
4.3 逃离银行系统，创造"金融灰区" / 29
4.4 DeFi 世界的通用货币 / 30
4.5 链上资产的定价锚 / 31

第 5 章 稳定币爆发的三把"火"
5.1 技术之"火"：基础设施的"链式临界" / 33
5.2 金融之"火"："传统"有时并不可靠 / 35
5.3 政治之"火"：灰色缝隙中的重新排序 / 36

第 6 章 稳定币在技术上如何稳定？
6.1 历史上的"货币锚定术" / 40
6.2 抵押稳定机制：从实物担保到数字信用 / 42
6.3 算法稳定机制：法国"指券"的幽灵 / 44
6.4 清算与套利：链上的中央银行与自动稳定器 / 47
6.5 预言机系统：数字帝国的"气象台" / 50
6.6 链上治理：去中心化的"货币政策委员会" / 51

第 7 章 如何铸造一枚稳定币？
7.1 确定稳定币的设计理念 / 53
7.2 技术选型与平台选择 / 55
7.3 智能合约开发流程 / 56
7.4 智能合约审计与安全性保障 / 60
7.5 储备资产管理方案 / 62
7.6 市场推广与合规路径 / 63

第 8 章 稳定币背后的数理逻辑

8.1 稳定币的供需函数与均衡模型 / 67
8.2 抵押与杠杆的边界:线性约束 / 68
8.3 自动化清算机制的博弈论:纳什均衡与局部最优 / 69
8.4 核心函数模型:恒定乘积 / 71
8.5 预言机的博弈悖论:贝叶斯机制 / 72
8.6 鲁棒性与熵模型:如何对抗"黑天鹅"? / 73
8.7 隐形逻辑:数学如何管住人心? / 74

第 9 章 稳定币与美元霸权

9.1 美元霸权对加密世界的担忧 / 76
9.2 锚定美元的两面性:羽翼 or 桎梏 / 80
9.3 锚定野心:稳定币能否成为"新本位"? / 83
9.4 美国对稳定币的战略反制 / 85
9.5 美债危机与 SWIFT 变革 / 86

第 10 章 香港雄心:参与全球数字货币竞争

10.1 站在数字货币"大航海"的起点 / 90
10.2 香港稳定币的五大核心优势 / 92
10.3 双币稳定币的操作机制 / 94
10.4 双锚张力带来的系统性缺陷 / 96
10.5 打造属于自己的世界货币 / 98

第 11 章 中国数字货币之棋局

11.1 主权货币与市场工具的差异化定位 / 100
11.2 技术架构:从双层运营体系到智能管控 / 102
11.3 技术差异与协同场景 / 104

第 12 章 稳定币的监管与治理

12.1 "长臂管辖"的美国:无处不在的"影子帝国" / 107
12.2 全球监管的差异化 / 108

12.3　智能合约的责任归属困境　/ 109

第13章　RWA 和稳定币

13.1　RWA 的兴起：连接实体与数字经济的桥梁　/ 111
13.2　RWA 的技术路径与资产映射　/ 112
13.3　资产上链的三大核心要求　/ 114
13.4　如何将现实资产"搬上链"？　/ 116
13.5　无处不在的链上资产　/ 117
13.6　RWA 可能引发的系统性风险　/ 118

第14章　DeFi 和稳定币

14.1　没有稳定币，就没有 DeFi 的今天　/ 120
14.2　去中心化的区块链"央行"　/ 122
14.3　稳定币如何嵌入 DeFi 金融机制？　/ 123
14.4　"DeFi+ 稳定币"是金融的重构　/ 126

第15章　全球企业争夺加密世界"圣杯"

15.1　稳定币：重塑数字经济的关键基础设施　/ 128
15.2　世界级企业的"铸币梦想"　/ 130
15.3　全球结算变局：稳定币对传统跨境支付体系的影响　/ 132
15.4　稳定币是金融权力的嵌套容器　/ 133
15.5　银行的战略转型：稳定币或成为新战场　/ 135
15.6　摩根大通 JPM Coin 的技术账本　/ 136
15.7　存款代币 VS 稳定币　/ 138

第16章　稳定币在各行业中的作用

16.1　金融行业：解构银行系统，重塑清算逻辑　/ 142
16.2　国际贸易行业：降低摩擦与应对制裁　/ 142
16.3　电商与零售行业：打通"最后一公里"　/ 143
16.4　游戏行业：构建链上价值底座　/ 144
16.5　物流行业：加速资金流动与信用传递　/ 145

16.6　能源行业：稳定币与碳积分的结合　/ 146
16.7　教育行业与内容创作：激活创作者经济　/ 147
16.8　医疗与保险行业：嵌入健康数据　/ 148
16.9　房地产行业：参与不动产交易与拆分流转　/ 150
16.10　媒体与广告行业：更精准的投放　/ 151
16.11　公共服务行业：可量化的资金调配能力　/ 152

第17章　稳定币与经济学

17.1　古典经济学："重回黄金时代"　/ 154
17.2　凯恩斯主义：国家调控工具面临的挑战　/ 155
17.3　芝加哥学派：自由市场原则的实践　/ 157
17.4　奥地利学派：货币非国家化的技术实践　/ 158
17.5　现代货币主义：国家信用体系的裂缝　/ 159
17.6　"不可能三角"：去中心化、图灵完备、安全性　/ 160
17.7　适合稳定币的新理论　/ 164
17.8　智能合约理论："数学契约论"　/ 165

第18章　AI时代的稳定币

18.1　AI时代被广泛承认的第一种货币　/ 168
18.2　AI如何预测稳定币价格？　/ 169
18.3　三元结构的文明分工　/ 170

第19章　稳定币面临的风险和挑战

19.1　监管的不确定性：一国合规，跨境违法　/ 172
19.2　黑客攻击与协议漏洞：金融堡垒只靠代码守门　/ 173
19.3　平台"跑路"与信任崩塌：USDT们真能兑现承诺吗？　/ 175
19.4　恶意挤兑与"链上银行危机"：谁来当"最后贷款人"？　/ 176
19.5　物理风险：基础设施与人为风险　/ 178
19.6　算法操控与治理漏洞　/ 180
19.7　FUD传播：信心是脆弱的锚　/ 182

19.8 稳定币的现实约束与脆弱性 / 184

第 20 章 何谓稳定？

20.1 共识构建：稳定币的信任逻辑 / 186
20.2 金融主权的边界在哪里？ / 188
20.3 链上"中央银行"是否足够稳固？ / 190
20.4 如果企业成为货币的主人 / 191
20.5 稳定币究竟是工具，还是秩序替代物？ / 193
20.6 货币，能永远掌握在人类手中吗？ / 194
20.7 稳定，真的存在吗？ / 196

第 1 章 什么是稳定币

它看起来像美元,实际不是美元;它的技术像比特币,但又不是比特币。它可能是下一个货币霸权的种子,也可能是一场金融骗局的掩体。在这个数字金融蓬勃发展的时代,为了把握未来机遇、应对潜在风险,你必须懂得稳定币(Stablecoin)。

1.1 货币的本质:权力的映射

2010年,若你花费30美元购买1万枚比特币,15年后,当比特币价格突破12万美元时,你持有的比特币价值将飙升至惊人的12亿美元。这一极端案例暴露了比特币的核心问题:它因价格波动剧烈无法成为可靠货币,却因其稀缺性成为"数字黄金"。

稳定币的诞生,正是为了解决加密货币的货币职能缺失问题——通过锚定法币或其他低波动资产,构建价格稳定、流通性强、真正适用于日常支付的虚拟货币。

要理解稳定币的意义,我们必须了解货币的本质。

人们普遍认为,货币的职能包括价值尺度、流通手段、贮藏手段和支付手段等。但实际上,这些都是货币的表层职能,其核心功能是充当一般等价物,并通过社会信用共识实现价值交换:传统主权货币的信用由法律与权力背书,而稳定币则通过数字技术重构货币信任机制。

从这个角度看,稳定币不仅是数字化的高效支付工具,更是基于资产抵押(如法币储备)或算法调控的信用体系创新。它延续了货币作为价值凭证的核心逻辑,又在技术可及范围内提升了跨境共识的效率(如实现10秒跨境结算)。

货币本质上是一种被广泛接受的社会信用载体,而这种"广泛接受"的背后,一定有某种强制性的共识机制。在不同时代,货币的强制性共识机制各不相同。例如,在原始社会,它可以是部落首领的威望;在王权时代,它可以是贵金属的稀缺性,又以王室的铸币技术作为技术支撑;至现代国家,共识核心转向主权信用,通过法律(法偿性)、税收能力及中央银行体系共同维系。

在某种程度上,我们可以这样认为:谁能定义货币,谁就拥有塑造秩序的权力。

稳定币的出现,是在去中心化技术的加持下,对这一权力进行"再编码"的一次实验。它的潜台词是:"我能否在不依赖主权强制力的前提下,通过智能合约的规则约束、足额储备资产的透明托管,以及市场对技术中立性的共识信任,构建一个'链上的法币'?"

本质上,稳定币是依托"技术执行(代码自动化)、资产锚定(法币/国债抵押)及算法调控(供需平衡机制)"重构货币信任共识的一次冒险尝试。

1.2 从金本位到"链本位"

在过去的一个半世纪，人类文明的财富锚点是黄金。

黄金沉默，却被全世界笃信。其稀缺、稳定、不可伪造、不依附权力的特性，使它不仅是货币的度量工具，更是信用的"底线"——在帝国倾覆、战争肆虐的年代，黄金是最后的"统一信仰"。

这就是金本位，不仅是制度，更是共识。

而今，共识正在被技术重构。

21世纪，一个新的锚点悄然诞生。它不是实物，而是根植于分布式账本的数学架构；非矿物开采所得，而是密码学与共识算法的结晶。我们称其为"链本位"——非权威指定，却因技术范式迁移成为事实标准；无暴力背书，却以代码不可篡改性维系秩序。

你能在代码里发现它的法则：数学即信用，算法即秩序。

如果说金本位靠自然稀缺维系价值，那"链本位"则靠结构可信维持秩序。

区块链是记账系统，但比账本更有力量——它是不可删改的"全球共识备份"。它不需要信任机构，而是让系统本身具备"不需要信任的信任"。更重要的是，它不怕毁灭。黄金无法穿越导弹，但链可以穿越制裁。"链本位"不是对抗法币的"叛军"，而是货币的变种。它无主权旗帜，却可能重写金融主权。

1.3 稳定币的五大基本特征

货币是什么？

如果你问古代的商人，他可能会摸出一块银锭；如果你问现代的上班族，他们可能会递来一张银行卡；如果你问一个数字世界的"信徒"，他可能会打开手机，展示给你一行字符串——一枚虚拟货币。

这行字符串，也许是USDT（泰达币），也许是DAI，也许是你从未听说过的新型虚拟货币。但无论它是什么，背后蕴藏的都是人类千年来对一个核心命题的追问：如何在没有国王、没有军队、没有银行的世界里，建立可持续的信任？

稳定币的诞生，是虚拟货币世界里一次关于信任的重构。它不是比特币的兄弟，而是对比特币的反思——完全去中心化的自由带来的是剧烈的价值波动风暴，稳定币便成为对自由秩序进行调和的尝试。

真正具备金融基础设施价值的稳定币，必须具备五大基本特征：锚定性、价格稳定性、可兑换性、透明性、可扩展性。

（1）锚定性：信任必须有所依托。

货币之所以为货币，重要的从来不是它的材质或形状，而是它背后的价值支撑体系。

在历史上，黄金曾是纸币的锚点。如果一个国家想印钞，必须有足够的黄金储备。一旦这个锚点失效，如布雷顿森林体系崩溃，美元便从"黄金之子"变成"空中漫步者"。但为什么还有数十亿人相信美元？原因之一是它具备"三重强制力"保障——税收法律（创造需求）、央行体系（流动性调控）及军事霸权。

（2）价格稳定性：经济行为的确定性基石。

想象一下：你是一个小商贩，每天靠售卖面包、煤油和衣物谋生，如果你的生意用比特币结算，那你可能每天都睡不好觉——同样的钱，明天可能贬值30%，也可能涨20%，像一匹脱缰的野马，完全不受控制。

货币一旦不能稳定计价，它就不是货币，而成了赌博的筹码。

稳定币的"稳定"二字，最根本的体现就是价格要尽量贴近锚定物的价格，比如一枚USDC的价格要始终尽可能接近1美元。这样做的目的只有一个：让用户在交易、储值、跨境支付中有"安全感"。

（3）可兑换性：随时可以兑现。

在古代，商人最怕的不是遇到强盗，而是手里的钱忽然不再是自己的钱。

稳定币若不能兑现，那就成了"数字密室"中的空头支票。你说它值1美元，可我想兑现时，却找不到通道。在这种情况下，货币就失去了作为交易媒介的价值。

只有随时可兑现，货币才有存在的意义。正如古代银票的信用依托之一是钱庄有足够的库银，现代银行体系的稳定部分依赖于央行"最后贷款人"制度，稳定币的价值存续则取决于其能否在剧烈市场波动中维持1∶1刚性兑付——这是穿透经济周期的关键试金石之一。

（4）透明性：看得见、摸得着、信得过。

传统金融的透明度局限正是加密金融崛起的原因之一。

人们厌倦了"我们拥有储备但不能告诉你在哪里""我们有审计报告但是不能给你看"等伎俩。稳定币若想赢得信任，必须在阳光下生长。它的锚点在哪里？储备有多少？是否审计过？是否上链可查？这些问题都不是选答题，而是必答题。

透明性是稳定币风险管理的核心——既是防范个体欺诈的"防火墙"，更能从宏观上防范"系统性崩盘"的致命风险。

（5）可扩展性：不仅要稳得住，还要"跑得快"。

好的货币不但要稳得住，还要"跑得快"——能支持大规模、高频交易及跨境流通。这就涉及稳定币的可扩展性，包括链上交易的速度、成本、跨链能力、与现实世界的集成能力（如支付平台接入、金融API连接）等。

一枚不能扩展的虚拟货币，就像只能在小溪里漂流的小船，哪怕设计得再精致，也无法驶入海洋。

1.4 稳定币的核心就是"稳定"

稳定币的最大魅力就是"稳定"，但它最大的风险也是"稳定"。

这种矛盾的本质在于它不是靠国家法令保障的，而是依赖"机制+共识+技术"。因此，一旦出现抵押资产波动剧烈、托管机构信用失效、系统遭受攻击或监管机构突然"变脸"等情况，它的稳定就会瞬间瓦解，成为"脱锚"的"幽灵币"。

今天的稳定币，像极了18世纪的银行私票。

在18世纪，由于金属货币（如银圆和铜钱）的供应有限，而交易活动随着工业革命的发展而日益增加，银行私票成为不可或缺的金融工具。这些私票通常由私人银行发行，承诺持有者可以在需要时兑换成黄金或白银。

这些私票最初在民间流通，在促进交易、提高支付效率方面发挥了重要作用，但也带来了信用风险和流动性风险。由于这些私票并非全部得到了十足的准备金支持，部分银行可能会发行超过其实际储备的私票，这增加了私票的兑现风险。此外，银行私票的流通也受到地域限制，通常只能在发行银行的附近地区流通，在远离发行地的地方，私票往往会以折扣形式流通。

为了应对这些问题，相关国家不得不进行货币体系改革，加强对货币体系的控制。

在未来，稳定币可能会继续进化，也可能会因监管问题而被禁止。它可能会成为一面镜子，反映出金融制度到底哪里出了问题。

然而，真正的问题是：未来的货币，还必须由国家发行吗？信任，一定要依赖权力吗？如果链上规则能带来公平和透明，那么，稳定币是否会成为新文明的"预备货币"？

今天的稳定币，为什么能够引发如此巨大的反响？它的稳定是怎么做到的？答案是：它不靠部落长老的权威，也不靠大树下的贵金属，而是依赖算法、代码、抵押资产与公开账本。它不是国王铸的币，也不是央行印的票，而是整个网络共识下的一种"信任承诺"。

1.5 所以，到底什么是稳定币？

所以，到底什么是稳定币呢？

站在现代经济学角度来看，稳定币相对直向的定义如下：

稳定币是一类锚定高流动性外部资产（如法币、黄金）的虚拟货币，通过足额抵押、受监管算法等保持币值的相对稳定，多数由持牌中心化机构发行并承担兑付责任，可用于跨境支付、去中心化金融（DeFi）清算等场景，具有链上流通、可编程特性，兼具传统金融信任体系与去中心化技术优势。

简单来说，稳定币是桥梁，一头连着区块链的自由灵魂，一头连着现实世界的稳定锚点。

在两千多年前，汉武帝铸五铢钱，为的是统一货币，巩固中央集权；

七百多年前，元世祖推行交钞（纸币），使"马背帝国"的贸易更为便利；一百多年前，美联储（美国联邦储备系统）成立，为的是应对金融危机。而今天，稳定币的崛起，也许是为了迎接下一个百年的货币时代：一个无国界、可编程、实时结算的链上金融时代。

第2章 稳定币的演变和发展

2009年,一个自称中本聪的神秘人创造了比特币。他用精巧的算法、去中心化的机制和总量恒定的设定,打造了一种不需要央行背书的数字资产。

这闯入了货币史上的一个禁区——原来货币也可以自己写出来。

可问题是,比特币太自由了,自由到失控。它就像一个在金融市场上"疯跑的孩子"——今天价值1万美元,明天2万美元,后天跌回8 000美元。没有一个企业愿意用它来发工资,也没有一个普通人愿意拿它去买日用品。

它没有稳定的刻度线。这就像一杆不稳定的秤,今天的"一斤"是500克,明天的"一斤"就变成480克,谁敢拿这杆秤做生意?

当然,还有一种观点,即当比特币的价值超过100万亿美元时,它就能够稳定下来。但技术极客已经等不及了,所以创造了现在的稳定币,让数字资产也有一个"锚"——就像古代称铜币要用秤砣压住交易秤一样,我们要给比特币世界一个秤砣。

2.1 影子锚定时代:"地下银票"的复活

在明代中国,钱庄、票号等金融机构合作发行了一种名为"银票"的凭证。你把白银交给某个"连锁钱庄",钱庄给你一张纸,上面写着可兑银两的数额。拿着这张纸,在另一个城市的相应钱庄也能兑换出银两。

这个"用纸换银两"的逻辑成立的前提是,大家信任这家钱庄。这就是货币最初的秘密:不是银两让纸值钱,而是信任让纸变成了银两。

进入2014年,加密世界屡遭困境。比特币等加密资产剧烈波动,让交易者苦不堪言。他们迫切需要一个锚,一个恒定的标尺,一个能在市场风暴中不翻船的"数字银票"。

于是,USDT诞生了。它承诺:你存1美元,我在链上发1个USDT。这不是新发明,而是旧机制的数字复刻,是将明代的钱庄变成开在区块链上的"地下银行"。

但USDT带来的问题也如影随形:你问我钱在哪里?我笑而不语。你问我是否审计?我说"你懂的"。

USDT用的是一种古老的货币逻辑:稳定不靠披露,靠默认;信任不靠监管,靠惯性。它像一个站在灰色边界的小商贩,用效率和灵活击败了体制的迟缓。在没有央行、没有法律约束的加密蛮荒时代,USDT成了"影子美元"的代言人。

2.2 合规与分化：从"野狐禅"到"正规军"

稳定币的合规与分化发生在2018—2020年。

如果说USDT是"野狐禅"，那么USDC、PAX、GUSD就是"正规军"。2018年以后，加密货币市场经历了显著的资本的增长，监管者对其关注与监管进一步加强，传统金融开始布局，"打造一种既合规又好用的加密货币"成了加密货币世界的新命题。

Circle联合Coinbase推出了USDC。与USDT不同，USDC公开审计，接受监管，托管在美国银行，定期公布资金储备报告。它不再是黑巷子里的信任博弈，而是"链上美元"，是加密货币里的"公务员"，讲纪律，守规矩。

与此同时，DAI应运而生，它与USDT、USDC彻底不同，它没有美元做底，不依赖银行，而是依赖以太坊资产的链上抵押，通过智能合约生成。它像一个"链上小国"，不靠人治，靠算法与治理（Governance）机制维持稳定。它是对法币体系的一种挑战，是去中心化思想的延续。这就像历史上金本位与"信用本位"的对抗——一个靠实物支撑，一个靠制度约束。

在这场加密货币的分化运动中，我们看到的是"旧金融与新金融的试探性握手"，也是"技术乌托邦与现实利益的彼此制衡"。

2.3　DeFi 基础货币化：从交易媒介到金融血液

2020年，加密货币的身份发生了本质性改变——它成了DeFi的货币发动机。

DeFi不是单纯的交易，它是整个金融生态的去中介实验场。在这个场域里，借贷不靠银行，做市不靠券商，利率不靠央行，全靠智能合约与算法规则。

如果说比特币是"加密黄金"，那么稳定币就可能是"加密法币"。它既不崇高，也不浪漫，却极其实用。

更有意思的是，这一时期的稳定币，开始与其他稳定币形成"锚定关系"——不再是USDT对美元，而是USDT对DAI、USDC对FRAX，稳定币开始构建自己的链上货币体系。

2.4　算法稳定币的梦想与幻灭：数学能否承载信任？

历史级别的金融创新，总伴随着理想主义者的豪赌。在这个阶段，一个自诩"加密中央银行家"的团队提出了一个挑战历史的命题：如果我们既不要美元，也不要抵押，只靠算法，能否创造一套完美的虚拟货币体系？

答案是可以，靠UST[①] + Luna[②]（平台币）即可实现。

这是一套设计精巧的算法稳定币体系：UST锚定1美元，Luna作为浮动

[①] UST 后更名为 USTC。
[②] Luna 更名为 LUNC。

调节资产，两者通过"铸币—销毁"机制互相牵引。一旦UST升破1美元，系统便增发Luna来回收UST；一旦UST跌破1美元，就"烧掉"Luna来收紧供给。

可惜的是，金融从来不是精算游戏。

2022年5月，随着一次突发挤兑和有组织的空头攻击，UST的价格迅速脱锚，从1美元跌至0.3美元，直至0.03美元。而Luna的币价也从百美元跌至零点几美分，大量投资者恐慌抛售。币圈哀鸿遍野，诸多散户损失惨重。此次事件也让人们对稳定币所谓的"稳定"产生怀疑。

就在UST暴跌之际，另一个角色却意外地稳住了局面——USDT。

起初人们担心UST的崩盘会引发连锁反应，USDT在交易所一度出现短暂脱锚——价格滑落至0.96美元。但它很快完成自我修复，几小时内回归1美元锚定。

为什么USDT挺住了？

原因有以下3个。

（1）市场惯性。用户多年来的高频使用与市场积累，使USDT已形成近乎刚性的兑付信用。

（2）主动应对。Tether在危机期间快速回购市面上的USDT，稳定了市场情绪。

（3）套利机制畅通。由于USDT在多个交易所广泛流通，当价格偏离1美元时，套利者迅速出手，推动其回归锚定值。

这就像1949年"国统区"货币崩溃时，上海一些银号私下流通的银圆票据意外成为"最后信用港湾"。在国民党政府发行的金圆券因恶性通货膨胀而迅速贬值、失去市场信任的背景下，银圆因其稀缺性、不易伪造和相对稳定的物理形态，逐渐成为市民和投机商人的首选硬通货。

在面对货币危机时，人们总会本能地选择他们熟悉、信任且能够兑现的货币。

USDT能稳住，既不是监管的胜利，也不是算法的胜利，而是实用主义与市场黏性的胜利。它不是最完美的币，但它是"能用"的币。这让我们意识到：在没有国家撑腰的虚拟世界里，稳定币的最终锚点不是模型，而是市场对"出清速度"的信仰。

2.5 监管重构与资产映射："影子金融"迎来制度之光

历史从不缺乏监管的回马枪。

UST崩盘的那一天，美国终于不再视稳定币为"边缘创新"，而是将其看作"系统性金融工具"，USDC因其合规性较强而获得了更多的市场信任。

与此同时，中国的e-CNY（数字人民币）加速部署，作为M0的数字的形态聚焦零售支付，新加坡、中国香港等地开启"实验性监管沙盒"，开始探索"双锚"模式，以增强数字货币的稳定性和抗风险能力。

更深刻的变化在于，稳定币开始映射现实资产。例如，Ondo推出基于美国国债的链上稳定币，Paxos Gold（PAXG）以实物黄金为锚点，RealT则以不动产投资收益为锚点。这意味着稳定币已不再是"美元代币"，而是"数字时代的资产凭证"，可以锚定股权、债券、房租、碳信用、能源指标等，几乎可以映射任何价值。

稳定币从"货币形态"转向"资产接口协议"，成为全球金融数据化、通证化的前奏。

2.6 走向金融中心之路：稳定币的三条未来路径

稳定币的发展历程可看作货币演化的"旁支进化史"，从灰色角落悄然出发，一步步走向金融世界的核心。

2025年是个分水岭：一边是美联储降息接近尾声，全球经济局势动荡不安；一边是链上世界蠢蠢欲动，稳定币悄然朝着"系统性角色"演化，在DeFi、跨境结算、真实世界资产代币化（RWA）等方面展现出重要价值。

稳定币的未来必然是"多轨并进"，可以粗略概括为三条路径，分别为国有化、平台通证化、"混合锚定+金融工程"系统化。

（1）国有化。

稳定币很可能会被部分银行"收编"进清算系统。例如，USDC可能被接入国际资金清算系统（SWIFT），由欧洲中央银行或欧元区国家的中央银行发行的数字形式的欧元即将上线，USDT则很可能在土耳其、尼日利亚等新兴市场成为"民间美元"的替代品。

（2）平台通证化。

巨头崛起，PayPal USD（PYUSD）已上线，未来蚂蚁稳定币、Meta Coin将纷纷登场。每个超级平台都可能成为一个"稳定经济圈"。

（3）"混合锚定+金融工程"系统化。

稳定机制将由"单锚"向"复合锚"转变，如"美元+国债+黄金+算法调节+链上清算+保险池"。稳定币不再是货币，而是新型金融产品的框架。

稳定币的三条未来路径，不是三种选择，而是三种同时进行的变革实验。它可能不会统一世界，但很可能成为撕开旧世界的裂缝。

第3章 稳定币的类型

每一个王朝的建立者，都自诩为天命所归；每一枚稳定币的铸造者，也都妄图左右货币之锚。可金融的世界，并不以任何人的意志为转移，它只忠诚于信任。

今天的稳定币世界，看似百花齐放，实则各自为营。它们有的"血统高贵"，出身名门；有的白手起家，背水一战；也有的激进无畏，妄图改写货币游戏的根本规则。

但它们最终都要回答一个看似简单却极其深刻的问题：我能不能在不成为法币本尊的前提下，承担起法币的责任？

这不仅是一道技术题，更是一场关于金融乃至整个社会稳定的豪赌。

我们可以将不同类型的稳定币放进一幅带有隐喻性的"货币王权谱系"中去审视，在这个谱系里，有"皇子""草莽""权臣"几大基础类型，每一种类型都在试图构建整个货币世界的秩序，却又各有命运沉浮。

3.1 法币抵押型："皇室之子"

表面上看，USDC和USDT同属法币抵押型稳定币——它们都以实际存在的美元资产为锚，将美元冻结在传统金融系统中，再在链上发行等值代币，以维持代币价值稳定。但细看之下，这两位"皇子"虽然同属"王族"，却命运迥异。

（1）USDC："嫡出太子"，循规蹈矩。

USDC是Circle与Coinbase联合推出的，背后资本雄厚，审计公开，合规路径清晰。它的储备包括高质量的美元现金与美国国债，定期接受第三方审计，信息公开，如同太子每日在御前听训，其一言一行皆有记录。

它的逻辑很清晰——"我不创造新的美元，只是把旧美元托管在传统银行，由第三方审计机构作保，用链上的代币映射其存在。"

从金融架构上看，这几乎是数字时代的金本位纸币重现：一张看似无力的纸，背后却是真金白银。

在稳定币家族中，USDC是理想的"太子"。它出身合法、教养得体，却又小心翼翼、寸步不越"雷池"——它的一切行动，都在努力避免被视为"篡位"。

（2）USDT："庶出皇子"，家底虽丰，却行事诡秘。

相较USDC这类根正苗红的"嫡出太子"，USDT更似流落民间的"庶出皇子"——虽同承美元血脉，却注册于英属维尔京群岛，通过离岸美元模式规避严格监管。

USDT的诞生是为解决两个烦恼：一是比特币过山车般的价格变化令交易者苦不堪言；二是传统法币进出交易所太慢，跨境结算效率远不及链上转账。

USDT的解决方案颇具古典金融智慧：用户将美元存入其离岸账户，即可获得等额的链上代币凭证，这套"链上美元代币化"机制与金本位时代的银行券异曲同工。正如19世纪银行宣称"存一盎司[①]黄金，得一张兑付凭证"，只不过USDT将黄金换成了美元，将纸钞升级为区块链代币。

但问题随之显现——这个代币化的"美元黑箱"里，到底有没有装美元？

自2014年诞生以来，USDT就被质疑审计不清、资产不透明，始终未能提供令人信服的储备证明。这种模糊性恰似一位自称拥有皇室血脉的流亡者，既无玉牒佐证，又无丹书铁券，却在江湖上建立起庞大的信众网络。

这种悖论构成了加密金融的独特景观：虽遭监管机构屡次质疑，却在交易量上长期霸榜；虽存在合规风险，却成为事实上的价值尺度。

USDT的制胜关键不在完美，而在时机——它是混沌市场中首个试图重构市场秩序的稳定币，哪怕这个秩序本身就存在瑕疵。

然而，这个"庶出皇子"在加密货币交易生态中展现出惊人的实用性——流动性强、接受度广，甚至常常在市场风暴中充当避风港。许多中小交易所根本无法接入需要严苛的合规审查的USDC，只能依靠USDT在暗礁密布的金融水道中航行。

USDT的壮大揭示了一个逻辑：在金融世界，规则是高地，现实是低地，在监管制度尚不够完善的时候，能够快速转账、无须严格身份验证、规避传统金融严苛监管的稳定币更具生存优势。

[①] 1盎司=31.10克（金盎司）。

3.2 加密资产锚定型:"自立为王"

2015年,以太坊的智能合约时代开启。此时,第二种关于稳定币的思路诞生了:我们不要中心化的担保机构来担保稳定币,我们要构建链上自治、公开透明的金融系统。

这就是DAI的理想。

与USDC和USDT这两个出身于"旧体制"的稳定币不同,DAI的诞生可以算是一个数字乌托邦实验。它不依赖法币抵押,而是以加密资产,如以太币(ETH),为抵押品生成稳定币,其机制复杂度远超USDT。

简单来讲,如果你想要100个DAI,就要先抵押与150美元等值的ETH。一旦ETH价值下跌,智能合约将自动触发清算。整个过程完全由智能合约控制,不需要人工审批。

这种设计充分反映出金融极客的理想——让稳定币不再依附银行,不再依赖美元,不再依赖"中心",引领金融从"封建王朝"走向"民主城邦"。这像一个数字城邦的"独立宣言":无须王室敕令,不靠美元背书,吾辈自建城墙、铸币、制定律法,一切交由算法与共识。

这听起来很浪漫,却也充满了风险。

这种去中心化的模式消解了传统金融中的信任中介,但代价是引入了技术脆弱性。

DAI面临着很多问题,如ETH价格波动剧烈,清算频繁;系统复杂,用户入局门槛高;决策效率低下,一旦遇到紧急情况,用户的信心已经崩溃,相应的保护机制才刚刚启动等。

在风平浪静时,DAI的运转井然有序;一旦遭遇ETH价格雪崩等外部冲击，清算机制可能失效，导致系统性风险扩散。2020年3月的"黑色星期四"就是典型案例：ETH在数小时内价值腰斩，抵押物连夜蒸发，DAI大量脱锚，系统几近崩盘。

DAI是区块链世界的冒险实验，它像一座建立在火山口上的宫殿，既彰显了去中心化金融的无限可能，也暴露了智能合约治理的先天局限——当极端行情撕裂代码预设的理性框架，再完美的算法也难以抵御市场情绪的集体恐慌。

3.3 算法锚定型："草莽帝国"

算法锚定型稳定币是最具悲剧色彩的一类稳定币。

人类对"非抵押稳定币"的幻想从未消失过。2019年，Terra项目推出了UST和Luna，掀起了稳定币领域的"第三波高潮"。它的理念更加激进：摒弃美元储备，拒绝资产抵押，仅凭算法动态调节供需，强行将UST与美元价值绑定。这种设计最接近"数字乌托邦"的构想：无须金库、无须银行、无须国家信用，只靠代码与市场博弈，就能创造一种全球通用的稳定币。

如果此模式取得成功，人类将首次实现用代码替代国家主权发行货币的历史性跨越。

它的机制酷似现代中央银行的简化版——"涨得太快我发行，跌得太多我回收。"这种"自动调节"看似完美复刻了现代货币政策的精髓，实则埋下了致命隐患。

2025年4月，MANTRA（OM币）崩盘，不仅摧毁了MANTRA生态，更让百亿美元市值灰飞烟灭。

昔日UST崩盘的根源，在于它忽视了一个铁律：货币不是数学游戏，它的根基是集体信任。当市场信心崩溃时，算法便无法支撑锚定价格，必然会出现"脱锚—抛售—死亡螺旋"的连锁反应。

Terra的失败证明了一个残酷的真理：人类对货币的信任，终究不可能只靠数学维持。在货币领域，人性共识永远先于数学共识。

3.4 抵押混合型：老谋深算的权臣

FRAX的诞生，是稳定币世界里一次"君臣博弈"的妥协。它不像USDC那样根正苗红，也不像UST那样孤注一掷地只靠算法。它非常懂得权衡利弊，在法币信用与加密信仰之间找出了一条务实的中间路径。

它采用"动态抵押+算法调节"的混合模型：初始阶段以法币资产为锚，同时通过算法动态调整供应量；当市场信任度攀升时，系统自动降低抵押率，向纯算法模式过渡；若遭遇信心危机，则迅速提高抵押率。

FRAX的精妙之处在于具备"感知市场信心"的能力：当投资者信心充足时，便逐步减少对美元的依赖，展现去中心化的姿态；一旦有风吹草动，立刻退回法币怀抱寻求庇护。

这种动态平衡机制，本质上是在回答一个深刻的问题：在一个充满不确定性的时代，货币锚定究竟应该是什么？

FRAX的答案是：先靠美元取得信任，再用算法赢得自由。

然而，这种妥协方案也存在隐患，如FDUSD价格脱锚后发行商虽紧急回购，仍暴露出其稳定机制在舆论冲击下的不堪一击——过度依赖信心支撑，一旦出现信任危机，其补救措施可能沦为空谈。

更深刻的困境在于，FRAX试图同时讨好两种信仰：既要享受法币抵押的即时信任,又想获得算法自治的长期自由,这种左右逢源的策略在危急时刻往往使其左右为难。

3.5 双币锚定型:"折中主义"的试验田

若将FRAX视作货币"折中主义"的试验田,那么中国香港在未来可能实行的双币锚定型稳定币则是国际棋盘下的货币平衡术。

这一架构在稳定币发展历程中颇具创新性——传统稳定币多聚焦单一主权货币锚定,而双币锚定型稳定币则将两种关联紧密却又各有体系的货币纳入同一价值支撑体系,这种双重锚定让其在粤港澳大湾区跨境贸易、离岸人民币流通等场景中具备独特价值,尤其是在东亚、东南亚等既习惯使用港币结算又逐步增加人民币交易需求的区域,有望成为连接在岸与离岸市场的"柔性通道"。

从时代视角来看,这种双币锚定型稳定币堪称区域货币协同发展的试验样本,它既依托港币长期积累的国际流通优势,又借力离岸人民币的市场扩容势能,这种"双向借力"的设计思路,正是全球货币体系多元化进程中区域金融创新的生动体现,也折射出新兴市场在货币自主与国际接轨之间寻求平衡的现实选择。

3.6 其他类型:"多神信仰"的货币实验场

旧体系瓦解,新的秩序尚未完全形成,探索者们将黄金、石油、碳排放乃至股票指数变成新的支柱,试图在旧体系的废墟上重建新的多元信仰体系，从而找到一种"真实的锚"。

在以美元为中心的法币秩序之外，稳定币的探索者们并没有停下脚步。他们一直在寻找各种类型的"货币锚"——不是政府信用，也不是加密资产，而是实物商品、自然资源乃至现实资产的数字映射。这类稳定币，我们姑且称之为替代锚定型稳定币，它们各自有着不同的锚定信仰。

（1）黄金锚定型稳定币：金本位的数字残影。

黄金锚定型稳定币的代表币种有PAXG、Tether Gold（XAUT）等。这类稳定币把黄金作为锚定物，每一枚代币都对应着真实世界中的一克或一盎司黄金，存放在托管机构的金库中。例如，每枚PAXG对应一盎司实物金条，金条存储于伦敦金库，用户可随时按比例兑换实物金条或转让其链上所有权。

在动荡的宏观周期中，黄金从未真正退出货币历史舞台。这类黄金锚定型稳定币正是金本位退而求其次的一种形式。它的优势是能够抵御通胀、实现资产避险，常作为某些国家或家族"跨境资产存放"的新载体。它的劣势也很明显：一是缺乏流动性（不如USDC活跃）；二是信托结构仍然依赖传统银行和金库；三是本质上并未脱离"受监管法币—实物锚—链上映射"的三段式结构。

（2）商品或指数锚定型稳定币。

随着链上世界日益渴望与现实资产链接，一些新型稳定币开始锚定更广义的资产类别。

①石油币

委内瑞拉政府于2018年推出石油币Petro，宣称每枚Petro币对应一桶原油的价值。尽管该项目因政权信誉破产而迅速失败，但其"资源货币化"的逻辑影响深远——如果国家信用崩塌，地下石油能否成为新的货币之锚？

中东部分产油国和拉美部分资源国也探索过类似的机制，试图将自然资源数字化,作为数字货币的锚。但这一机制最大的问题在于:资源虽多,但兑现困难,如石油,作为大宗商品,难以像黄金那样快速兑现,且即便将石油数字化,代币价值仍需主权信用背书。

委内瑞拉推出Petro时,或许未曾意识到:货币锚定的本质不是资源本身,而是公众对资源控制权的信任。

②碳稳定币

近年流行一种锚定碳信用额度的"绿色"代币,如MCO2等,将碳排放额度Token化,使其既可交易,又具备锚定价值的功能。

听起来这是"环保+金融"的理想组合,但问题在于碳信用市场缺乏统一定价机制,碳信用本身价格又不稳定,缺乏统一的市场标准,导致其很难成为稳定币的价值锚定。

③指数锚定型稳定币

以RealT、Mirror Protocol为代表的项目,试图通过不动产投资信托基金(REIT)和交易型开放式指数基金(ETF)的资产映射,构建"数字现金+现实收益"的混合体,用户持有稳定币即可分享租金收入或股息收益,理论上可实现"存储价值"与"产生收益"的双重功能。

这些尝试充满金融创新精神,但也同样受困于两个难题:一是很难实现实时兑换,因为很多资产无法高频清算;二是监管与估值这些锚定物存在困难,因为重要金融数据几乎都不透明。

总的来看,商品或指数锚定型稳定币是稳定币领域中最富未来感,却也最不稳定的分支。

(3)复合架构稳定币:新一代"货币基金通证"。

还有一些稳定币项目,如AMPL、ESD、RAI等,正在尝试构建多锚定复合架构:既参考法币体系,也挂钩黄金;既加入算法机制,也内嵌治理代币回购模型。

这种结构的设计哲学可概括为"分散化锚定策略"——通过多元资产

加权平均实现价值稳定，而非依赖单一锚定物。其理论模型近似国际货币基金组织（IMF）发行的特别提款权（SDR）的链上变体，试图通过资产组合分散风险：当某类资产价值产生波动时，由其他资产对冲风险。

但问题是，这种结构实现起来极难：如何进行权重配置？如何保证链上治理效率？如何抵抗大规模的套利攻击？这些问题都需要仔细斟酌。

第4章 稳定币的应用

无度量衡,不可治天下;无货币制度,不可稳社稷。货币既是经济运行的秩序载体,亦是国家治理的重要工具。

货币的起源可追溯至天然实物,如贝壳等,它们之所以能流通,是因为具备社会成员共同认可的价值。

4.1 完美货币三位一体:记账、交换、储藏

货币若想真正获得社会认同,须完成三项核心职能的有机统一:作为价值标尺的价值尺度、促进流通的流通手段、保存价值的储藏手段。三者缺一不可。

(1)价值尺度:数字时代的价值标尺。

传统经济活动中,官府征税、商行对账、农户借贷,皆依托于统一的

价值计量标准。在区块链技术体系中，尽管ETH和比特币具备资产属性，但其价格波动特性使其难以承担精确计量职能 今日欠付的1枚价值10元的ETH，明日可能变成50元也可能变成0.5元。剧烈的价格变动很可能导致债务关系失衡，再聪明的商人也不敢用ETH给供应商开"数字支票"。

以USDT、USDC为代表的法定货币抵押型稳定币，通过锚定美元等传统货币价值，构建了数字世界的稳定计量体系。一枚代币对应1美元的储备资产，这种固定的兑换比例使其成为一把固定尺子，为数字经济活动提供了统一的度量衡。

（2）流通手段：数字商道的"西班牙银圆"。

在链上经济体系中，稳定币已逐渐超越传统货币的支付功能，演变为系统流通的"标准接口"。USDT和USDC扮演着链上金融的"美元"角色，SUSD等算法稳定币未来或将成为去中心化世界的"链上本币"。

正如古代丝绸之路需要统一货币促进贸易，当前兴起的跨链稳定币像是海权时代的西班牙银圆，可以连接十几个国家的贸易网络，极大降低了跨系统交易的摩擦成本。

（3）价值储藏：避险与"数字金条"。

2024年，西方加大制裁力度，部分中国银行限制对俄交易，在此情形下，俄罗斯企业越发倚重A7A5等稳定币开展跨境业务。

不是每个国家都有安全的银行系统，不是每一位公民都能信任自己国家的中央银行。

对于那些货币体系不稳、频繁遭遇资本封锁的国家而言，稳定币就像"数字金条"，成为夹缝中的资产避风港。

这种特性与1929年大萧条时期黄金的避险功能形成历史呼应：当法币体系面临崩溃时，实物黄金就成为最后的信用锚点。

4.2 跨境结算

在漫长的贸易史中,跨境结算一直是相当棘手的问题之一。公元13世纪,丝绸之路上的波斯商人和中原布庄之间往往需要通过"飞钱"结算——来自长安的汇票经由草原驿站,抵达撒马尔罕,再通过当地的银庄兑付货款。这种系统较为复杂,环节众多,且周期漫长。

到了20世纪末,全球贸易虽然已进入SWIFT和美元结算时代,但跨境支付依然效率低下。一笔中小企业的B2B美元电汇,常常需要3~5天到账,中间还得被中转行"抽血",不透明、不即时且费率惊人。这套系统本质上是"旧金融帝国"的地租模式,即银行作为信息中介、信用中介、货币中介,把握着全球资金的咽喉。

但如今,稳定币正在解决这个问题。举个例子:一家深圳企业为一家拉丁美洲电动滑板车品牌提供代工,过去它们通过美元结算,但拉丁美洲多次爆发本币危机,美元短缺,银行系统低效,导致订单频繁延误。于是,它们开始尝试使用USDT结算——客户通过链上钱包直接支付,仅需几分钟即可到账,且链上交易透明度高、成本低廉,无须经过银行。如此一来,双方均省去了烦琐的开户审查、发票匹配等环节,财务流程大幅精简。

这不是个例。从非洲到东南亚,从乌兹别克斯坦到智利,完整的稳定币结算网络正在地下生长。在中亚和中东地区,部分工程设备采购已转向稳定币结算,目的是避开汇率不稳定和美元制裁风险。

我们看到的是一条新的"金融走廊":它不是传统的银行电汇链,而是点对点的钱包通道;它没有烦琐的外汇管制,没有隐晦的地缘政治干预,只有代码与共识。过去，结算依赖于时间差套利；现在，稳定币可实时到账。过去，审计靠对账抽查；现在，链上账本公开，自动验证成为可能。过去，财务是人治的工艺；现在，"稳定币+智能合约"正把财务流程代码化。

我们甚至可以设想一个不远的未来：一家企业的财务系统可自动识别合约履约情况，触发付款与发票归档机制；一旦项目完工，USDC将自动结算，相关数据同步进入智能税务合约并上传至海关平台。这不是幻想，中国香港、日本、新加坡等多个司法区正在为"链上结算+链上发票+链上监管"的试点区制定规范，而稳定币则极有可能成为这一新秩序的价值通道。

4.3 逃离银行系统，创造"金融灰区"

在传统金融体系中，银行是中心化的"信用中介"，每一个跨境动作，如开户、审查、报税、外汇登记等，都要经过一层又一层的身份验证，不仅效率低，还形成了事实上的资金流动壁垒。

稳定币正在重构这一格局。

在传统美元结算模式下，一些国家因本币贬值压力与外汇储备不足，常出现美元支付延迟，导致订单执行周期延长。改用USDT结算后，客户通过链上钱包直接发起转账，资金可在几分钟内确认到账。这消除了传统银行开户审查、发票匹配等流程，将结算周期从数周压缩至分钟级。

使用稳定币进行结算，是逃离银行系统、创造"金融灰区"的一种手段。

历史上，有两次创造"金融灰区"的尝试：在"冷战"时期，由于担心美国可能冻结自己在美国的美元资产，苏联政府将美元存款转移至伦敦等欧洲国家的银行，由此诞生了欧洲美元市场——一定程度上不受美国国内银行法规直接管辖，却仍以美元计价的巨型资金池；后来，离岸信托作为一种法律工具，因其在特定司法管辖区（如英属维尔京群岛、开曼群岛等）的税收优惠、保密性和资产保护功能而受到高净值人群和跨国企业的青睐，大量家族财富和企业利润通过在英属维尔京群岛、开曼群岛等地设立空壳公司和避税账户，在一定程度上实现了财富的"隐身"。

而今天，稳定币正第三次尝试构建"金融灰区"——链上的"清算灰区"。它的本意并非规避监管，而是通过技术手段绕过银行中介，突破资本管制，弱化国家货币主权的控制。它不同于传统"地下经济"的非法属性，而是基于区块链技术构建的开放式清算网络。

这一网络既不需要像纸钞那样须经银行系统点验，也无须遵循外汇管理的申报流程。它没有明确的地理边界，具备全球实时结算能力，去中心化的审查机制能通过代码确保价值传递的准确性。

我们可以将其理解为链上的"地下通道"——一个脱离传统金融基础设施的数字结算系统。

我们不能回避一个现实：稳定币的自由性正在被部分非法资本所利用。自2020年以来，美国财政部多次指出稳定币资金被用于规避制裁、资助恐怖主义活动、洗钱和毒品交易，尤其是在叙利亚、伊朗、朝鲜等国家，USDT已成为非法跨境资金流动的重要渠道。

4.4 DeFi世界的通用货币

在DeFi的世界里，稳定币已不再是单纯的货币，而是一种"指令单元"。

我们不妨以Aave或Compound这样的DeFi协议为例来说明。

现在假设你用ETH做抵押，通过智能合约借贷一定数额的USDC，借到的USDC可以继续投入其他协议进行"耕种"，例如，所获得的USDC可以投入Yearn Finance赚取收益，或投入Curve作为交易对，甚至可以直接抵押以铸造更多的DAI。

这一系列操作不需要任何人签字、审批，完全依托代码执行。

在传统金融中，货币的职能比较单一。但在DeFi世界，稳定币可以同时拥有多重身份。

①清算工具：在去中心化交易所（DEX）中作为结算货币（如USDC/ETH交易对）。

②借贷标的：在Aave、Compound中被借入或借出。

③抵押资产：在MakerDAO[①]中作为抵押品铸造DAI。

④治理凭证：在某些协议中可赋权治理提案（如SUSD的治理机制）。

⑤套利工具：在不同平台之间套利（如Curve的三池套利）。

⑥跨链媒介：通过桥接合约跨链转移资产（如USDT-ETH转至USDT-TRON）。

稳定币的价值不再局限于货币，而是演变为可模块化组合的金融组件。

4.5 链上资产的定价锚

一枚ETH值多少钱？一枚NFT（非同质化通证，本质是区块链网络里具有唯一性特点的可信数字权益凭证）值多少钱？一枚RWA代币的估值是多少？链上世界没有法定货币体系，没有国家牌价，没有外汇牌价。在这种情况下，谁承担了价值尺度的功能？

---

① MakerDAO现已更名为Sky Protocol，简称Sky。

答案是稳定币。

早期的加密市场价格体系混乱不堪：比特币兑换莱特币、狗狗币兑换ETH……各种交易对乱作一团。这一情形如同古代时以盐兑布、以布兑铁，各种加密货币很难厘清各自的实际价值。

稳定币的崛起重塑了这一格局。它如同16世纪澳门贸易中同时流通的银锭与西班牙银圆，将葡萄牙、西班牙、英国等各国货币纳入同一计价体系，构建起隐性的价值共识网络，成为"定价锚"。

稳定币之所以成为定价锚，是因为它具备如下三大特性。

（1）价值度量。

正如市场上所有商品都需要用"千克"或"米"等基本单位度量，稳定币也为链上资产提供了价格标准，如ETH是涨还是跌需要用USDT来度量。

（2）关系参照。

资产间的相对价值评估需要有所参照——一枚NFT值几枚ETH、一枚代币能租赁多少算力，都需要稳定币作为"坐标轴"进行换算。

（3）心理锚定。

一旦掌握了价格标尺，就掌握了市场心理锚。稳定币的溢价、折价往往是市场情绪的"晴雨表"，这使得USDT和USDC不再只是工具，还成为左右市场心智的隐性标尺。

这些特性使稳定币在链上世界扮演着双重角色：既是价值传递的媒介，又是塑造市场认知的规则制定工具。

第5章 稳定币爆发的三把"火"

马克思曾指出：金银天然不是货币，但货币天然是金银。

在数字化时代，我们可以这样说：稳定币天然具备货币属性，而货币形态终将向稳定币演进。

短短五年时间，稳定币的总市值从不足100亿美元飙升至2 700多亿美元。从迪拜的金店到乌克兰的战壕，从土耳其的街头到菲律宾码头的汇款窗口，USDT、USDC等稳定币正在以低于Visa和SWIFT的成本、更高的效率完成跨境交易。

这不是偶然的"热点"，而是多年技术积累与金融需求共振的结果。

5.1 技术之"火"：基础设施的"链式临界"

所有金融革命的前提，都是基础设施从"可用"变成"好用"。比特币用区块链证明了"货币可以不靠国家"；以太坊用智能合约证明了"货币可以被编程"；但直到"稳定币+高性能链+钱包体验"三大要素同时成熟，DeFi才真正进入"普通人用得起、用得懂、用得爽"的普及阶段。

早期加密钱包的操作难度堪比密码学专业考试，而现在加密钱包已经可以用指纹识别与社交账号快捷登录。

曾经链上转账需要10分钟的等待并支付10美元的手续费，如今在Solana、Polygon及以太坊Layer 2网络中，交易时间缩短至2秒，成本降至0.002美元。这种体验升级恰似互联网发展轨迹：互联网诞生之初，人们只能通过DOS命令发送邮件，如今只需一键扫码即可完成支付，技术门槛大幅降低，用户的使用习惯逐渐养成，用户生态也由小众极客迅速向普通大众扩散。

更核心的变革在于DeFi的金融激励机制。Uniswap、Aave、Curve等协议将传统银行0.25%的年化收益率提升至5%～10%。只要用户持有USDC、DAI，就能参与借贷、做市、收益聚合等活动，且利率计算完全自动化完成——7×24小时无休、无人工干预、无节假日中断。这并非简单地将传统金融进行"数字化包装"，而是通过智能合约重构了银行系统的底层逻辑，实现了"金融工程自动化"。

对普通人来说，稳定币是高流动性的数字储蓄罐；对全球资本来说，它是低摩擦的国际套利跳板。当支付实现"秒到账"，收益变得清晰可见，风控通过"透明算法"得以保障时，这场"链上金融替代战"已悄然开打，而稳定币正是这场变革中最为锋利的武器。

5.2　金融之"火"："传统"有时并不可靠

稳定币的爆发，根源不在于"技术有多强"，而是"现实有多糟"。

自2020年新型冠状病毒感染疫情暴发，美联储启动三轮量化宽松政策，美元海啸席卷全球；后又迅速加息，导致美债利率大起大落，美元指数也随之剧烈波动。这种政策反复如同水库闸门的频繁启闭，造成全球金融市场水位时而泛滥成灾，时而枯竭见底。

这种美元剧烈波动的结果导致：阿根廷比索剧烈贬值，稳定币成了很多小商户的"救命钱"；土耳其里拉暴跌，自由职业者不得不以USDC结算工资；非洲、东南亚的跨境贸易商也不愿相信效率低下的银行汇款，转而使用稳定币作为美元替代品。

步入2025年，局势依旧紧张。在美国本土，地区性银行的压力持续攀升，部分银行因资产负债结构受利率波动冲击，不得不收缩信贷业务。

2024年底，某新兴稳定币项目在市场流动性突然收紧时，借鉴Circle的成功经验，凭借区块链技术的透明优势，迅速向市场披露储备资产状况，结合精准的市场回购操作及与监管部门的高效沟通，成功稳定币值，避免脱锚风险。这进一步凸显了稳定币在复杂金融环境下的适应性。

对某些用户来说，银行像19世纪的马车，而稳定币是21世纪的高铁，哪怕高铁偶尔停运，他们也不再愿意回到马车上。

5.3 政治之"火":灰色缝隙中的重新排序

稳定币爆发的最后一把火,是地缘政治格局的演变。

美国对稳定币采取的是"有限管控+隐性合作"的策略:Tether、Circle等机构将美元储备存放于海外银行,纽约清算所维持其交易清算;USDC主动配合美国财政部海外资产控制办公室(OFAC)对特定地址实施冻结。

这种策略并非监管松绑,而是通过技术合作实现"变相收编"。稳定币成为美元的"非官方延伸"——一手打击比特币,一手扶持可控的"美元化"(Dollarization)稳定币。

与此同时,受制裁国家反而大举拥抱稳定币:伊朗可以用USDT绕过SWIFT制裁出口石油;委内瑞拉可以以USDT换汇;乌克兰前线士兵可以用USDC采购防弹衣,资金10分钟内即可到账。

在这种背景下,很多国家都在积极推出本国数字货币:中国的e-CNY进入零售测试阶段,欧洲推出数字欧元CBDC,美国试运行美联储推出的实时支付系统FedNow……

在地缘金融博弈中,稳定币以"技术先行者"自居,强调其协议架构的灵活性与场景适配能力,成为独特的"中间形态":既是美元体系的数字化接口,又能为非美元体系提供风险对冲工具。

当传统美元因美国财政失衡而面临信任考验时,数字形态的"美元替代品"悄然填补市场空白。这种转变并非偶然,对于很多国家而言,它很可能是重构本国金融秩序的关键。

(1)化债:债务帝国的隐性助力。

当今美国财政赤字如随时会爆发的火山,美国举债上限谈判屡成闹剧,更关键的问题在于：愿意购买美国国债的买家越来越少，中国、日本等传统国债买家正加速减持美债，美国的债务天花板正在逼近。

为了解决国债问题，2025年，美国参议院通过了《指导与建立美国稳定币国家创新法案》(简称《天才法案》)。

这项《天才法案》的思路是：既然未来可能全世界都用稳定币，那我们为何不让稳定币发行机构把国债作为储备？这听上去就像当年英国政府让殖民地储备英镑券，甚至将英镑直接与印度卢比挂钩一样，本质是将财政失衡风险转嫁给货币使用者。

Circle已经在做这件事了。其USDC储备中，超过70%为短期美债，并与BlackRock（贝莱德集团）联手设立链上国债基金。这个操作看似安全、稳定、透明，但本质上是让稳定币系统变成美债的新型承销渠道。这一招像极了第二次世界大战后美国鼓励全球央行囤美元作为外汇储备，只不过现在的承接主体从各国央行变成了全球用户。

更关键的是，这种"链上持债"机制不需要国会投票，也不需要对外宣示，更不需要外交博弈——它像一场"资本静悄悄"运动，把美国的财政压力悄然"外包"给了全球用户。

如果说技术、金融与地缘博弈共同催生了稳定币，那么美国财政失衡直接推动了它的地位变化，使它从原本可有可无的小币种，变成美元的"金融义肢"，稳定币的命运已然与一个超级债务帝国产生深度捆绑。

（2）实用：去中心化的必然选择。

在这个世界，技术永远是"台前的演员"，需求才是"幕后的导演"。

许多人误以为稳定币走红缘于去中心化理念，其实那只是表象，真正让稳定币风靡全球的，不是它有多"理想"，而是它足够"现实"，它替人们解决了两个极为实际却长期被传统金融体系忽视甚至掩盖的问题：一是跨境资金流动程序过于烦琐；二是如何让人们手中的资产更稳定。

现在，我们通过两个实例来具体说明这两个问题是如何被解决的。

（1）简化跨境资金流动程序。

一位在非洲工作的工程师要给在新加坡的家人汇款5 000美元，这往往需要经过多个步骤：在当地银行填表审核—通过SWIFT中转汇款—目标银行清算—个人账户入账。整个过程耗时少则3天，多则2周甚至更久，手续费高达2%～8%，且可能因系统风控或政策审查被中途拦截。

而今天，只需经过扫码、确认，便可使用稳定币完成曾经几天甚至十几天才能完成的跨境转账，对中小企业主、海外劳工、自由职业者而言，稳定币不仅是支付手段，更是维持资金高效中转的命脉。

（2）让人们手中的资产更稳定。

让我们把目光移到地球另一端的拉丁美洲。

在委内瑞拉，一个中产家庭即便拥有5万美元的资产，在3年内也可能因本币贬值而缩水至不足1万美元。银行存款利率远低于通胀速度，美元在地下市场疯狂溢价，政府限制外汇兑换，民众甚至要排队用美钞兑换生活物资。

这不禁让人想起"魏玛共和国"。1923年的德国马克大幅贬值，一个面包的价格能从1马克涨到上亿马克，人们推着装满马克的独轮车去市场，只为买几颗土豆。

最终，政府不得不发行伦滕马克，以土地和工业资产为抵押，才遏制住恶性通胀。

在今天的委内瑞拉，比起本国的官方货币，很多人选择使用稳定币：他们用USDT储蓄，用DAI支付，用USDC避险……他们选择稳定币并非信仰去中心化的技术生态，只是为了尽可能保护自己的财富。

稳定币的崛起既是技术演进的产物，更是数字时代地缘金融博弈的必然结果。

（1）企业资金的"非主权配置"。

自2025年起，越来越多的跨国公司逐渐将部分资金转移到链上稳定币账户。这令人想起，20世纪70年代，很多欧洲国家的银行将黄金储备转移至纽约联邦储备银行。这种不将资产存放于国境内，反而转移到流动性强的通道中的行为，正是企业对传统金融版图动荡的本能避险。

（2）"链上国债"：从古代"飞钱"到数字"债锚"。

当下RWA与稳定币组合的模式看似新颖，但事实上，中国人早在千年前就做过类似的尝试。唐代中期出现了"飞钱"制度，当时商人外出经商，带上大量铜钱有诸多不便，于是他们先到官府开一张凭证，上面记载着贸易地点和钱币的数目，之后商人可持凭证去异地提款购货，此凭证即"飞钱"。

今天USDC与美国短期国债结合，在某种程度上可看作"链上飞钱"。Paxos准备发行国债锚定型稳定币，Circle与BlackRock联合创建链上国债基金，将美国短期国债转化为数字世界的"价值锚点"，这并不是美元体系的终结，而是其在链上的重塑。

（3）消费支付：每一次扫码，都是一次货币主权的偏移。

当你在咖啡店用PYUSD购买咖啡，在直播中用USDC打赏主播，用HKDG买车票时，每一次"扫码"，都是一次微小的"主权让渡"，通过技术绕过传统清算体系。这类似宋代商业贸易中纸币逐步替代部分铜钱的过程，日常交易习惯的改变往往预示着更深刻的金融权力迁移。

第6章 稳定币在技术上如何稳定？

世界上没有任何一种货币是天生稳定的。在金融世界中，稳定从来不是自然的馈赠，而是技术持续调控所创造的奇迹。货币的历史，也是人类用技术驯服经济波动的历史。

6.1 历史上的"货币锚定术"

（1）古巴比伦银衡制度：最早的锚定机制。

约公元前20世纪，古巴比伦人便已经意识到交易不能只靠口头约定和信任，因此用白银作为价值尺度。例如，1谢克尔白银可以兑换相应数量的大麦、羊、油，甚至奴隶。这就是人类历史上早期的"价值锚定"，通过把复杂的物品价值锚定到一种统一的计量单位上，避免价值波动造成社会混乱。

这种制度与现代稳定币存在本质共性：二者都试图把千变万化的商品

价值或数字资产价格锚定至一个相对稳定的参照物（白银/美元）。尽管采用的技术手段天差地别，但其背后的逻辑是相通的。

（2）金本位：稳定神话的崩溃。

如果说银衡制度是古代的"定海神针"，那么在进入近代后，金本位则成为货币稳定的"圣杯"。

这套制度的底层逻辑其实很简单：100%资产抵押式锚定机制，即每单位货币对应特定重量的黄金储备。

随着英国主导的国际金本位体系形成，全球建立起基于黄金的信用网络，这为20世纪40年代布雷顿森林体系的诞生奠定了实践基础。

但稳定从来不是免费的。1914年第一次世界大战爆发，参战国为筹措军费相继放弃金本位；经济大萧条后，美国也在1933年暂停黄金兑换，金本位的稳定神话就此崩溃。

历史告诉我们：再坚不可摧的锚定机制，也挡不住政治与金融风暴的冲击。这种脆弱性在当代稳定币项目中依然存在。USDT、USDC、DAI都不得不面对信任危机问题：你声称锚定了美元、锚定了ETH，但我们凭什么相信你的锚不是沙子做的？

技术可以优化机制，却永远无法彻底消除人性层面的信任考验。

（3）布雷顿森林体系的镜像：稳定币的层级锚定架构。

到了1944年，布雷顿森林体系试图在重建金本位的基础上进行改进：美元与黄金挂钩，其他货币与美元挂钩。这种"黄金→美元→法币"的三级架构，本质是通过主权信用构建的价值传导链。

今天的稳定币项目，在某种意义上，正在复现这个结构：法币→稳定币→加密资产→应用场景，稳定币通过代码指向加密资产，而加密资产又指向现实世界的应用场景。

但这种机制也存在一定的风险：如果法币本身通胀了，稳定币还稳定吗？如果托管账户被冻结了，USDC还能赎回吗？如果预言机出错了，DAI

还能维持抵押平衡吗？

这种间接锚定架构使稳定币既继承了传统货币体系的基因，也承载着数字时代的新型风险。

6.2 抵押稳定机制：从实物担保到数字信用

货币的稳定永远离不开一个问题：你拿什么担保你的信用？这个问题贯穿人类金融史，从古巴比伦的银币到数字时代的稳定币，始终考验着货币发行商的信用构建能力。

美国南北战争期间，南方邦联政府超发纸币导致恶性通胀，根源之一在于缺乏有效的抵押机制。用户想知道的问题本质上只有一个：我手中的这张纸，或者这串代码，到底值不值它写的那个数字？

这个问题的答案就藏在"抵押"二字中。

抵押最怕的不是缺钱，而是缺信。

19世纪的英国与美国，是"票据经济"的黄金时代。彼时，货币并非由中央银行统一发行，而是由私人银行按需印制。只要你的银行里有足够的黄金、白银或抵押物，便有权发行银行票据。

从表面上看，每张票据都代表了一定量的黄金或其他抵押物，用户可以随时持票去银行兑换成实物资产，这和今天USDC、USDT背后的"1∶1美元储备"逻辑如出一辙。但因为缺乏监管，许多银行纷纷虚报抵押，金库中的金锭寥寥无几，却印了满城票据。人们将此类银行称为"野猫银行"（Wildcat Bank），这些"野猫银行"常设于深山野岭，一旦市场恐慌引发挤兑，想要兑换金锭的储户根本找不到银行的门。

最终，在1907年，美国爆发了大规模金融恐慌，银行倒闭、币值崩溃、民众愤怒，直接推动了美联储的诞生。

稳定币的抵押逻辑与历史上的货币创新一脉相承。以USDC为例，其运作方式可简化为"数字存单"模式：

用户将1美元存入发行方Circle的托管账户—Circle通过智能合约铸造1枚USDC—用户可随时用1枚USDC赎回1美元，系统同步销毁代币—第三方审计机构每月会对Circle的美元储备进行审计并公示报告。

整个过程看似简单，背后却藏着精妙的金融设计：

（1）这笔美元存在哪儿？托管银行。

（2）它是活期还是定存？通常是活期现金+短期国债。

（3）谁监督这笔钱？独立审计、政府监管、合规备案。

这正是典型的"链下资产+链上映射"的模式：你不是真的把美元搬上区块链，而是生成一张链上的"存单"。

然而，正如"野猫银行"的历史教训：你说有，不等于真的有。2023年，USDC曾因硅谷银行爆雷被冻结部分资金，这暴露了中心化托管的潜在风险。

这印证了金融史的铁律——货币的"链上稳定"永远建立在"链下信任"的基础之上。

相比USDC的中心化托管模式，DAI是一种去中心化的抵押系统。它的机制像极了一个"链上自动清算银行"：你将ETH、WBTC等加密资产存入MakerDAO的金库（Vault），系统根据预设抵押率（如150%）允许你铸造一定数量的DAI；一旦ETH暴跌导致抵押不足，智能合约自动触发清算，卖出抵押物回购DAI，以维持整体锚定。

这个模型在金融史上并不新鲜。19世纪的英国就曾尝试用仓单（Warehouse Receipt）系统来稳定短期票据市场。商人们用实际货物作为担保，换取短期贷款，用来融资、开展贸易。这和今天抵押ETH生成DAI的模式如出一辙。

可以说，USDC和DAI分别代表两种抵押稳定的范式，两者的区别如表6-1所示。

表6-1 USDC和DAI的区别

稳定币	抵押物	信任机制	稳定方式	风险来源
USDC	法币	银行账户+审计	链下储备锚定	银行风险、监管打击
DAI	加密资产	智能合约	超额抵押+清算机制	价格波动、清算失败、预言机错误

抵押稳定机制听起来完美，但难以逃脱一个魔咒——稳定与效率不能兼得。稳定币越是追求"锚得稳"，流动性就越差，成本也越高；抵押率越高，杠杆就越低，资本效率也越低。

当我们把视线从链上拉远，从USDC的银行账户到DAI的债仓机制，从预言机价格到清算人套利——我们发现，所谓的"稳定币抵押机制"，其实是一个不断在信用与流动性之间寻找平衡点的实验场。

未来的稳定币是否一定要靠抵押？是否可能构建无抵押、纯算法或信用网络式的新机制？这些问题目前没有答案。但有一点可以确定：在去中心化的数字世界中，抵押物仍是构建货币信用的最后防线。

6.3 算法稳定机制：法国"指券"的幽灵

在货币的演化史上，存在一种危险的理念：我们可以不靠任何实物担保，仅凭意志与政策，就可以创造出稳定的货币。

这种理念第一次被系统地实践是18世纪末的法国，两百年后，又在区块链上轮回重生。

（1）18世纪的幻梦：革命理想铸造纸币"指券"。

18世纪末，法国大革命爆发，国王路易十六被送上断头台，旧王权崩塌，新的共和国试图重建国家秩序。但秩序重构需要钱。

为了快速筹措资金，当时的法国政府决定发行一种全新的纸币，即"指券"。这是一种以没收的教会财产为担保的有价证券，以债券的形式发行，后逐渐演变为一种法定货币而流通。

但很快，问题出现了：土地不能迅速变现，兑换通道极不畅通；与此同时，为了弥补财政赤字，政府不加控制地发行"指券"，很快，面值100法郎的指券实际仅值0.5法郎，人们拿着成堆的纸币，却只能换到一个面包。

法国的这场理想主义货币实验，最终在1796年崩溃，成为历史上最著名的恶性通胀案例之一。

（2）UST的复活术：没有抵押，靠算法铸币。

2022年崩盘的Terra生态的算法稳定币UST，完美复刻了指券的缺陷。

UST采用的是双币互铸机制：用户想获得1枚UST，需要销毁价值1美元的Luna；当UST跌破1美元时，用户可以用1枚UST兑换价值1美元的Luna套利。

理论上，这种"双币互铸"机制可以自动调节供需，维持代币的锚定价格，形成链上"自动央行"：市场松弛我收紧，市场紧张我放松。然而，这套机制有一个致命缺陷：信心。

2024年8月，与UST采用相同逻辑的ESD遭部分投资者抛售，价格滑落至0.98美元，理论上，套利者此时可以用0.98美元的ESD兑换价值1美元的Matic获利。但彼时人们对Matic币价值的信息已经有所动摇，大量ESD被兑换成Matic；Matic供应瞬间大增，价格狂跌；Matic大跌又冲击ESD兑换体系，投资者恐慌加剧，形成"抛售→增发→崩盘"的螺旋。这就是算法稳定币最经典的噩梦："死亡螺旋"。

在技术上，"死亡螺旋"源于两点设计缺陷。

①算法调节的滞后性：市场波动瞬息万变，而链上协议的响应往往存

在一定的延迟；套利者来不及"修复锚点"，数字代币的价格便已断崖式崩盘。

②信任的脆弱性：双币互铸的模式就像悬崖边的共舞者，一方失足必然拖累另一方。

（3）算法稳定的迷思：公式能否替代信用？

除UST外，历史上还出现过如下两类算法稳定币模型。

①Rebase模型

这个模型不是"兑换式"，而是"余额调整式"。它每天根据市场价格自动调整用户持币数量：如果每枚代币价格大于1美元，系统就按比例增加每个人钱包里的币；反之则缩减用户钱包中的代币数量。

这听起来技术非常先进，但事实上它更像一种"感应型货币"。这个模型的问题在于，用户的"心理账户"不会按照上述技术逻辑变更，即使币值不变，一旦用户看到钱包余额减少，就会产生恐慌情绪，从而引发抛售。

②Seigniorage Shares模型

这个模型仿照中央银行的货币体系，设计了多种代币（稳定币、债券、股权）来实现价格调节。这个模型的问题在于机制过于复杂、流动性弱、用户参与门槛高，最终导致使用者稀少，系统难以维系。

"指券"与UST的失败揭示了同一真理：当货币与资产脱钩，只靠信心与政策来维持价值时，是注定无法长久的。算法稳定币本质上并不是稳定币，而是赌市场行为的货币游戏，其存续前提是"套利者永远理性""价格一定会恢复锚定"。然而，历史总是反复教训我们：金融市场的非理性时刻，远多于理性时刻。

（4）算法稳定币是"炼金术"还是"炼狱术"？

算法稳定币是虚拟货币的极端实验。它不靠黄金，不靠美元，不靠抵押，它靠的是"公式之美"与"博弈信仰"，只相信"自我调节的市场能承担一切"。这种理念是用算法和代码勾勒出的乌托邦，忽视了金融市场的本质——信心是易碎品，恐慌会传染，代码无法永远模拟人性。

稳定，从来就不是写在公式里的，而是需要抵押物作为"安全垫"、流动性作为"润滑剂"，更需要市场信任作为"压舱石"。

算法稳定币也许不会完全失败，但它必须接受现实：代码可以模拟价格，却模拟不了恐慌；博弈可以调节市场，却调节不了信心溃败的速度。

当我们再次听到"无抵押、纯算法"的呼声时，不妨记住：那是一种信仰，而不是一个工具。

6.4 清算与套利：链上的中央银行与自动稳定器

如果说锚定是货币的"根"，抵押是币值的"骨"，那么清算与套利机制，就是维持币价稳定的"肌肉系统"。

没有清算，市场风险就无法控制；没有套利，价格就无法纠偏。现实中的中央银行靠货币政策调节汇率；链上的稳定币则靠自动清算系统与市场套利机制，在无须中央指令的前提下实现自我调节与动态维稳。

（1）再贴现制度的诞生。

在现代央行体系建立之前，市场经济一旦遭遇信用收缩，往往会爆发货币流动性危机。商人手持到期票据却无处贴现，银行因挤兑风波被迫关门，整个市场陷入停滞。

现代央行体系建立后，再遇到在这种时刻，中央银行就会做一件非常不"市场化"的事：它们扮演起"最后贷款人"。

商人将票据贴现给商业银行，若商业银行资金短缺，则持票据向央行申请再贴现；央行通过降低再贴现率释放流动性；最终，市场流动性危机缓解，信用重启，交易恢复。

这就是再贴现制度。

这一制度像极了一台"防崩溃机器"：当系统即将崩溃时，央行挺身而出，凭借自己的信用背书，承接一切流动性恐慌，防止危机蔓延。

而在链上世界，这个角色由智能合约与套利者共同扮演。

（2）链上的再贴现者：清算机制如何工作？

在抵押型稳定币（如DAI）世界中，稳定不是预设的，而是动态调节的结果。例如，你抵押了价值150美元的ETH，铸出100美元的DAI，此时一切看起来很安全；但如果ETH的价值跌到了100美元怎么办？此时抵押率已经触及清算阈值，系统会自动触发如下清算流程。

①喂价机制检测到ETH价格下跌。

②智能合约判断Vault抵押率低于清算比率（如150%）。

③系统调用清算机器人发起拍卖，出售你的ETH。

④拍卖所得优先偿还DAI债务，剩余部分归还用户，若不足以覆盖债务，则由系统削减DAI供给并销毁相应数量的DAI，确保DAI总量与抵押资产价值匹配，维持币价稳定。

这套机制不是"审判"，而是一种程序化的市场修复。它如同链上的再贴现窗口：套利者以低于市场价的价格购买被拍卖的抵押品，再拿去市场倒卖，"中间商赚差价"；同时，系统借助套利者的"贪婪"完成了风险出清。

（3）套利者：区块链的"猎人"。

在传统金融体系中，央行通过利率、公开市场操作、存款准备金率等影响市场行为。而在稳定币体系中，这一职能被套利者取代。套利者是链上的"猎人"，他们通过脚本监控价格波动、套利空间与清算机会，用如下行动影响市场行为。

①发现脱锚：如USDC短时跌至0.97美元。

②套利进场：折价买入USDC，等其回归1美元时抛售。

③市场回归锚定：供需自调节自动完成。

这是一种无形的价格反馈机制（Price Feedback Mechanism）。可以说，稳定币的稳定不靠规则本身，而依赖于有人愿意为这套规则下注。

（4）链上的稳定器：MakerDAO的拍卖系统。

在DAI体系中，最复杂也最关键的机制正是清算拍卖，分为如下两种模式。

①抵押资产拍卖：触发清算后，系统将抵押资产折价挂拍；竞价者以DAI出价，价高者得；系统用得来的DAI偿还债务，完成出清。

②DAI超发补偿：若清算失败、用户资产不足以还债，系统将拍卖治理代币MKR（MakerDAO项目的代币）；拍卖者用DAI竞购MKR，相当于通过"通货膨胀"救场，系统通过贬值代币完成"市场自我救赎"。

这种机制的本质是一套去中心化的财政刺激方案：通过算法设计清偿秩序，将亏损社会化、稳定私有化，形成数字共识。

（5）极端时刻的幽灵：清算拥堵、预言机失灵、套利动机消失。

当然，系统设计得再完美，也可能因极端事件失效。

①清算拥堵：市场暴跌时，数百个债仓同时触发清算，清算机器人因需求激增而应接不暇，造成价格进一步暴跌，甚至清算失败。

②预言机失灵：如果出现预言机喂价延迟、被篡改或受到攻击等情况，会导致合约做出错误判断。2020年bZx协议就曾因预言机漏洞被套利数百万美元。

③套利动力消失：当币值跌得太狠时，套利者因担忧系统归零而纷纷却步，导致机制陷入空转状态。这就是UST崩盘时套利机制被遗弃的原因。这如同中央银行开设了贴现窗口却无人问津，因为此时市场已经从恐慌滑入绝望。而这也是清算机制的最大弱点：它依赖博弈的主动性，而不是被动安全机制。

（6）稳定币世界的"最后防火墙"。

现实世界中有央行、政策、法律和印钞机，而区块链世界只有"代码即法律，市场即秩序"的信仰。

当锚点松动、市场失控、价格剧烈震荡时，清算机制与套利逻辑是稳定币世界的"最后防火墙"。它不能阻止恐慌，但可以在危机中提供最低限度的秩序。

6.5 预言机系统：数字帝国的"气象台"

如果把稳定币体系比作一架复杂的金融飞行器，那么预言机就是它的"雷达系统"和"气象台"。

你可以设计出最先进的清算机制、最严谨的抵押比例、最智能的套利合约，但如果对外界的"风向"一无所知，就会像堂吉诃德一样盲目冲锋，最终难免撞上现实的风车。

稳定币的核心风险之一，是它需要从链下世界获得准确、真实的价格信息。例如，ETH当前的市场价格是多少？美元兑人民币的汇率是多少？一盎司黄金的即时报价是多少？这些数据区块链本身无法生成。为了解决这个问题，预言机应运而生。

预言机可看作连接链下世界与链上智能合约的信息桥梁，其技术流程可分为如下5步。

①数据源选择：接入Binance、Coinbase、Yahoo! Finance等权威平台。

②数据聚合：在多个节点对数据进行加权平均，以去除极端值。

③签名验证：在各数据节点对聚合结果进行加密签名，保证数据不可被篡改。

④链上发布：将聚合后的数据写入智能合约。

⑤合约调用：智能合约触发清算、抵押率调整、铸币销毁等操作。

整个流程看起来像是"新闻采编系统"——多个记者（节点）去外面跑新闻（采集链下数据），主编（预言机系统）负责审核和定稿，稿件最终交给报社（合约）发布。

当前最具代表性的预言机系统是Chainlink，它采用了去中心化节点、加密签名与激励惩罚机制等多层设计，是当前DeFi世界最可靠的"气象台"。

但预言机系统再怎么优化，也无法摆脱一个信任悖论：你在链上构建去中心化信任体系，却必须依赖链下中心化信号源。

预言机不是智能的，也并不完美，但它是用户在风暴中唯一能"看一眼前方"的窗口。

6.6 链上治理：去中心化的"货币政策委员会"

历史上的每一次货币危机，背后都指向同一个核心问题：谁有权制定货币的规则？

在现实世界里，利率的高低、对通货膨胀的容忍度，都是由专家组成的"货币政策委员会"投票决定的。以美联储的FOMC（联邦公开市场委员会）为例，每年8次会议，12位委员轮番发表利率预测，争辩货币政策松紧的时机。一旦降息或加息政策被通过，全球市场瞬间波动。可以说，FOMC是目前现代金融的权力中枢。

区块链的稳定币系统也面临着同样的问题：清算门槛应设多少？稳定费（Stability Fee）要不要调整？新的抵押资产该不该加入？抵押率从150%

降到130%是否合理？这些问题无法仅靠代码自动解决，必须依赖一套程序化、匿名化的治理机制——链上的"货币政策委员会"处理。

在传统世界中，一个人要成为央行委员，至少要拥有博士学位和几十年金融从业经验，并经过层层筛选才可能成功。

而在链上世界，只要你持有治理代币，你就有资格参与投票。这一机制的优点在于决策过程完全透明，所有投票记录链上可查；权力来源清晰，投票权与经济利益绑定；决策效率高，系统可自我迭代升级。然而，缺点也尤为明显：持币大户（"鲸鱼"）拥有过高影响力，容易形成"链上利益集团"；普通用户因专业门槛高、参与成本大，导致参与意愿不高，投票率低；缺乏专业知识的投票者容易被误导，导致投票方向偏离。

这种模式不完美，但确实带来了新的想象空间：权力分散至全体持币者，能否避免少数精英的"黑天鹅决策"？货币规则完全公开透明，能否减少内幕交易？治理者与被治理者身份重合，是否更公平？

这些问题尚无定论，但可以肯定的是，在链上金融世界，用户不再是被动接受规则的对象，而是可以直接参与规则制定的"锚定者"。

第7章 如何铸造一枚稳定币？

7.1 确定稳定币的设计理念

公元前221年,秦始皇一统六国,废除各诸侯的杂币,推行"半两钱"。这一政策看似只是规范币制,实则是整合天下的第一步。因为谁控制了货币,谁就能掌控人们的交易秩序。

这一逻辑在加密世界依然成立——铸造稳定币,其实就是对金融秩序的重构宣言。

当你说"我要铸造一枚稳定币"的时候,你不是在设计一个产品,而是在宣告你要重构金融秩序的野心。

所以,当你真的想要铸造一枚稳定币时,必须先回答一个问题:你想铸造的这枚稳定币,它的属性是什么?

(1)工具币。

假如你想打造锚定美元的链上工具(如USDC、USDT),核心设计需要围绕稳定性与合规性展开。此类稳定币须具备如下三大基础设施。

①监管备案：获得金融监管机构认可，确保你铸造的稳定币的合法性。

②银行账户：储备足额法币资产（如美元）作为担保。

③清算通道：建立与传统金融系统的结算接口。

这类项目很像北宋的"交子"——中国最早的纸币。它最初是商号发给客户的"存根"，信誉来自商号而非皇权。只要商号够大，"交子"便能在千里之外流通。

（2）治理型稳定币。

如果你希望自己的稳定币不仅能保持价格稳定，而且能参与DeFi治理（如DAI、RAI），那么你需要构建完整的去中心化的货币生态系统，涵盖铸币、销毁、清算、投票等机制。

这类项目像中世纪的"弗罗林"金币，它由佛罗伦萨铸造，却被整个欧洲承认，不是因为它背后有军队，而是因为英国的商业声誉。

（3）实验币。

如果你追求如Ampleforth、Fei那样不锚定法币、超越美元的"链上主权货币"，依靠算法动态调节供应，那你必须承担更大的风险，UST的崩溃正是前车之鉴。

这类稳定币很像法国大革命时的"指券"：政府宣称可用其兑换土地，却因失去公信力导致纸币贬值。

你铸造的不只是一枚稳定币，更是对未来金融秩序的立场表达。你选择的不是产品形态，而是文明路径。

7.2 技术选型与平台选择

若想铸造稳定币,你必须先选一个平台。

(1)以太坊。

若将公链比作数字国家,那么以太坊就是数字汉唐帝国。

它疆域广阔(支持海量去中心化应用),法律完备(采用EVM标准),人口密集(开发者社区规模全球最大),虽然税负偏高(Gas费用较高),但安全可靠,制度稳定。

以太坊是一个开源的区块链平台,其设计理念是"可编程性(Programmability)优先",这意味着它不是一个简单的区块链平台,而像一台"世界计算机",你可以在这上面部署任何逻辑:借贷、交易、清算、治理、拍卖……只要你写得出智能合约,它就能够实现。

正因如此,主流的稳定币项目,如USDC、DAI、FRAX、SUSD、LUSD,无一例外,几乎都选择在以太坊首发。这就像唐朝时期商人宁愿缴纳重税,也要入驻长安城,因为这里的规则值得信任,这里的制度有"文明底线"。

(2)波场(TRON)。

与以太坊相比,波场的优势很明显:它的交易速度快、手续费低廉(同样的一笔转账,以太坊的手续费要三五十元,而波场可能不到一角),非常适合大规模发币和跨境交易。USDT的主要发行平台就是波场。

如果你要开发的是支付类、跨国结算类的稳定币,波场的优势不可忽视。

但它的劣势也很明显:中心化程度极高,节点高度集中,治理过程透明度低,容易受到监管冲击。

波场是非常有争议的一条链，在选择时一定要非常谨慎。

（3）Solana、Avalanche、BNB Chain等高性能新平台。

还有一类较新的平台，因性能卓越、结构新颖也很受欢迎，如Solana（有高达数万个业务处理系统，交易几乎无须等待，但会时不时"宕机"）、Avalanche（采取"雪崩共识"机制，交易确认速度快，技术创新多，但生态较小，开发者较少）、BNB Chain（资金与用户基础雄厚，但去中心化程度堪忧）。

若你的项目涉及高频交易（如闪电贷、动态汇率、链上游戏资产绑定），这类平台值得考虑，但如果你想要的是长久信任，恐怕还得回头看看以太坊。

（4）Arbitrum、Optimism、Base等轻量平台。

以太坊的高手续费问题催生了Layer 2扩容技术，诞生了Arbitrum、Optimism、Base等平台，

稳定币若在这些平台部署，既能享受以太坊的信用和安全性，又能节省费用，提高交易速度。

以FRAX为例，它广泛部署在Arbitrum、Optimism等多个平台，打造了一个"多城共治"的模型。

7.3　智能合约开发流程

当你想铸造一枚稳定币时，需要考虑四个核心流程：规则制定、模型设计、系统开发与合规认证。各环节须严格遵循金融监管规定，确保货币价值的稳定性与流通合法性。

智能合约就是稳定币的"币模"。

以ERC-20代币智能合约为例，部分代码如下。

```
pragma solidity ^0.8.0;
import "@openzeppelin/contracts/token/ERC20/ERC20.sol";

contract StableCoin is ERC20 {
address public admin;

constructor() ERC20("DemoUSD", "DUSD") {
    admin = msg.sender;
}

function mint(address to, uint256 amount) external {
    require(msg.sender == admin, "Only admin can mint");
    _mint(to, amount);
}

function burn(address from, uint256 amount) external {
    require(msg.sender == admin, "Only admin can burn");
    _burn(from, amount);
}
}
```

上述代码覆盖了如下核心问题。

①权限管理：谁可以进行铸币和销毁操作？

②供需调节：能否接入外部控制机制，如链上预言机？

③治理参数：未来是否允许机制升级，如引入多签控制或交由DAO管理？

④扩展功能：是否支持抵押铸币（如MakerDAO）、自动销毁等模块？

（1）最基础的要素：ERC20标准，稳定币的"半两钱"。

如果说比特币是"原始金币"，那么ERC20则提供了价值流通的标准化"度量衡"。它是2015年以太坊社群提出的最早的代币标准之一，为代币的转账、查询、授权等操作规定了最基本的技术接口。

ERC-20定义的核心函数非常多，举例如下。

```
function totalSupply() public view returns (uint256);
function balanceOf(address account) public view returns (uint256);
function transfer(address to, uint256 amount) public
```

```
returns (bool);
function approve(address spender, uint256 amount) public
returns (bool);
function allowance(address owner, address spender)
public view returns (uint256);
function transferFrom(address from, address to, uint256
amount) public returns (bool);
```

这套标准的核心作用在于统一了交易尺度,开发者可以为代币设定不同的名字、标志、运行逻辑,但只有符合ERC-20的标准,代币才能被钱包识别、被交易所接入。

主流稳定币,如USDC、DAI、LUSD,几乎都以ERC-20为通用标准,再在其基础上添加更多复杂设计。

(2)模块分解:铸币、销毁、清算与治理。

稳定币合约一般包含以下核心功能模块。

①铸币函数:谁能造币?

中心化模式(如USDC):由托管的实体银行账户控制铸币权,链上合约通常仅授权特定白名单地址执行铸币操作。

去中心化模式(如DAI):用户抵押ETH,智能合约自动验证抵押率,若验证通过,则通过Vault自动铸币。下面是一个典型的铸币函数。

```
function mint(address to, uint256 amount) public
onlyMinter {
_mint(to, amount);
}
```

②销毁函数:币值如何收缩?

稳定币不能无限增发,否则也会导致"通货膨胀"。销毁机制可以控制代币供应量,维持币值稳定与系统可信度。

下面是典型的销毁函数示例。

```
function burn(uint256 amount) public {
_burn(msg.sender, amount);
}
```

USDC在用户赎回法币时，由Circle发起链上销毁；DAI是在债务清偿后，由Vault自动销毁抵押生成的代币；FRAX则在其价格低于锚定值时允许折价赎回并销毁。这类似于历史上的货币回收政策，政府通过主动减少流通中的代币数量来保障其价值，避免市面上"币贱如草"。

③清算函数：何时斩仓？

只有超额抵押类稳定币（如DAI）才需要清算机制。一旦抵押率低于安全阈值，清算合约就会启动，允许清算人拍卖抵押资产。以下为典型的DeFi协议清算函数。

```
function liquidate(address vault) public {
require(isUnderCollateralized(vault));
executeAuction(vault);
}
```

④治理模块：谁是铸币之王？

一些稳定币（如DAI）允许治理代币（如MKR）持有者参与链上投票，决定以下事项：确定抵押率、修改清算规则、启用/禁用资产类型。这是一种基于代币持有者投票权的去中心化治理模式。

（3）安全是底线：合约漏洞，等于自毁帝国边关。

2024年3月，去中心化借贷协议Prisma Finance因存在逻辑和权限校验漏洞，遭遇黑客攻击，损失一千多万美元，引发社区高度关注。至此，链上世界再次认识到：权限管理必须严苛，不可留任何缝隙。

稳定币项目必须严格执行安全流程：代码单元测试、功能集成测试、模拟攻击测试及第三方安全审计（如Trail of Bits、Certik）。只有确保系统无虞，项目才能上线。

稳定币的合约结构决定了它的稳定程度。它不是普通合约，而是一套完整的虚拟货币运行管理机制。

开发稳定币合约，本质上是在区块链构建一套严谨的价值交换规则体系。

7.4 智能合约审计与安全性保障

在古代中国，王朝会设"御史台""大理寺""东厂""西厂"等监察机构，旨在防腐败、防内乱、防权力过载导致制度崩溃。

而在区块链的世界里，智能合约审计便是链上的"御史台"。

智能合约并非部署之后就高枕无忧，它就像一个刻在石碑上的"自动法律"，一旦上链便无法更改，一旦存在代码错误，往往不是简单的"BUG"，而是可能引发系统性安全事件的"政变"。

所以，一个稳定币项目要想稳健发展，必须有一整套严密的技术防线与制度设计，以预防潜在风险。

2024年，去中心化借贷平台Euler因智能合约漏洞，被攻击者利用闪电贷操纵预言机，套取近2亿美元资金，导致平台资金池受损严重。2025年，Movement Labs项目在代币上线初期，因秘密签署的做市协议存在漏洞，被不明身份方抛售价值3800万美元的MOVE代币，引发币价暴跌，不仅让投资者遭受损失，还致使监管机构介入，禁止该代币交易，反映出该项目在合约管理与市场运作机制上存在巨大缺陷。

在稳定币领域，要想保证稳定机制能更好地发挥作用，合约审计必须承担以下关键任务。

①代码规范化：确保代码风格统一、结构清晰，减少因书写混乱导致的低级错误。常用工具有Solhint、Prettier-Plugin-Solidity。

②单元测试：对合约中每个独立函数进行广泛的输入输出测试。常用框架有Hardhat+Mocha+Chai、Foundry、Truffle。

③模糊测试：向合约输入海量随机参数，测试其处理意外数据的能力。

这是一种基于随机性的异常探测手段，常用工具有Echidna、MythX。

④静态分析：在不运行代码的情况下分析智能合约可能存在的逻辑缺陷。常用工具有Slither、Mythril。

⑤第三方审计机构复核：第三方审计机构进行全方位安全审查，出具详细报告，列明发现的漏洞严重等级（关键/高危/中危/低危）及修复建议等。

一套好的稳定币合约，不仅需要具备安全性，还要有健全的治理结构。设计智能合约时，务必考虑如下问题。

①权限管理：是否严格限制核心操作（如铸币、销毁、参数修改）的访问权限？

②紧急制动：是否集成紧急暂停（Pausable）功能，以便在发现重大问题时快速冻结系统？

③多签控制：关键治理决策（如升级合约）是否需多方签名（Multisig）授权，避免单点失效或滥权？

历史经验表明，过度自信往往是最大的风险。很多稳定币项目都败在一句话上："我们已经测试过了，不会有问题。"而事实证明：多数重大安全事件，都是由微小的逻辑漏洞引发，如变量未初始化、时间戳未检查、权限缺失等。

市场不会宽容失误，攻击者不会心慈手软。严谨的代码审计是链上资产安全的基石，只有层层构建防御机制，追求工程上的极致可靠，才能尽可能保障稳定币系统的安全。

7.5 储备资产管理方案

在所有稳定币的逻辑中,"锚定"是永恒的关键词。它意味着稳定币不是凭空而生,它的背后存在价值支撑。

稳定币的价值是否稳定,依赖于其背后的储备资产是否充足、透明且易于变现。要维持稳定币的价值稳定,就必须做好储备资产管理。

当前有三类主流的资产储备模型,介绍如下。

(1)法币储备型:美元金库+银行信托。

应用这类资产储备的稳定币以USDC、Paxos(如PYUSD)为代表:用户充值1美元到发行商的银行账户,发行商在链上铸造1枚USDC;用户赎回时,USDC被销毁,储备银行释放等额美元返还给用户。

资产构成:商业银行现金(20%～30%);美国短期国债(70%～80%);其他等价流动资产(极少数)。

资产管理:多数由托管银行进行管理,每月发布审计报告,披露总值与资产构成,但一般不会透露交易级别。

优点:最接近真实法币,波动极低,稳定性高。

缺点:中心化风险高,受强监管约束,存在被冻结的可能。

(2)加密资产抵押型:链上抵押+超额机制。

以DAI、LUSD、RAI为代表。

初期DAI使用ETH进行超额抵押:抵押150美元ETH可铸造100枚DAI;若ETH跌穿清算线,Vault自动拍卖DAI清偿债务。后期DAI引入多资产抵押。

管理方式:储备资产全部链上可查;所有操作自动执行,无人工干预;抵押率、清算线、拍卖参数由DAO调整。

优点：去中心化，抗审查，链上透明。

缺点：依赖加密资产价格，清算机制复杂，极端行情易引发连环清算。

（3）混合型：部分资产+算法调节。

以FRAX、HKDG等为代表，每枚代币由部分法币储备与算法调控机制共同支撑，系统通过算法调整利率、流动性池权重以维持锚定；极端行情时，用部分担保+部分套利激励机制来稳定价格。

优点：效率高，机制灵活。

缺点：机制复杂，信任门槛高，一旦被攻击或用户信心崩溃，容易触发"死亡螺旋"。

在确定资产管理方案时，必须想明白链上金库管理的关键四问：

①储备是否足额？是否始终保持大于100%的可兑付性？

②资产是否透明？是否公开所有储备资产种类、地址、变动记录？

③权限是否集中？是否存在"单点托管"风险，一旦托管方破产就归零？

④流动性是否充足？关键时刻能否快速、无损地变现？

稳定币当然需要精妙的合约与完美的进行机制，但如果没有一个可查、可信、可兑付的资产储备系统，那这枚稳定币到最后定会化作泡影。信任不仅源于承诺，更依赖于可见的存底与可审计的制度。

7.6 市场推广与合规路径

传统法币若无流通之道，便如流亡王子，虽有血统，难登大宝；今日的稳定币若无市场接纳，便是孤链贵胄，终成空谈。

若将铸造稳定币比作"铸剑"，那么市场推广与合规路径规划就是"开刃"的过程。再华丽的宝剑，若不能用于实战，终究仅是华而不实的装饰品。

稳定币真正的价值不在技术，而在应用；它不应止于链上流转，更需融入现实生活。

历史上，真正让北宋"交子"得以流通的，不是它的"纸质"特性，而是朝廷的三重推广策略：一是"法令护航"，规定"交子"可缴税、可还债；二是"关口放行"，设官办"交子"兑换所，确保其可随时兑换成铜钱；三是"商贾扶持"，鼓励商帮行会使用"交子"结算。

稳定币若想获得"交子"一样的市场地位，必须通过如下三条路径，走入大众生活。

（1）生态入驻——币若无路，民不识之。

对稳定币来说，市场推广不能只是开个官网、发个"空投"（即通过免费分发代币或数字资产来推广项目）这样简单，更重要的是深入真实的生活场景。稳定币推广的首要任务是"链上扩展，链下落地"。

要想做到这一点，需要考虑如下问题。

①稳定币是否被Uniswap、Curve、Aave等头部协议接纳为主流资产？能否作为抵押物参与借贷？是否被纳入链上流动性挖矿池？

这些问题的答案决定了稳定币在加密世界的"等级"——它是个"乡绅币"，还是"都城通行币"？

②稳定币是否被MetaMask、Trust Wallet等主流钱包默认收录？是否支持一键显示余额、扫码支付、跨链转账？如果你的稳定币无法被移动钱包扫描识别，即使发行再多，也无人问津。

③稳定币是否接入电商支付、内容订阅或虚拟卡服务？能否与跨境汇款平台合作？例如，USDC可用于在Shopify购买商品，在Substack订阅内容……让稳定币能在寻常百姓的日常生活中用起来，是其从"封闭系统"走向"开放流通"的关键。

（2）法律正名——币若无爵，终难登堂。

稳定币是否合规、是否被国家接受，决定着它能否进入主流金融体系。

①牌照准入：Circle手握美国金融犯罪执法网络（FinCEN）、欧盟电子货币机构（EMI）双牌照，Paxos拥有纽约金融服务局颁发的信托牌照（BitLicense），它们都获得了"官方认证"，不再是"野币"，而是"诏币"，是合规资产。

②制度保障：稳定币是否有"赎回承诺"（用户能否随时兑现）？是否设立独立托管机制（防止资金挪用）？是否通过反洗钱、反恐融资审查？储备资产必须接受第三方审计，运营受监管机构实时监察，有良好的制度保障，可以获得更多市场信任。

稳定币若要生存，要成为通用货币，就绝不能对抗监管，而应"以币请命"，在制度缝隙中找到适合自己的合规路径。

（3）生态共建——分权则势可壮。

若想让稳定币成为通用货币，就不能单打独斗，须"开疆辟土，许币为赏"，可参考的做法如下。

①给予流动性提供者奖励：稳定币的流动性提供者可获得手续费分成和奖励代币，鼓励用户为稳定币提供交易深度。

②生态基金建设：例如，FRAX、Liquity建立社区基金，鼓励开发者集成代码、创作教程、拓展应用场景，促进稳定币社区繁荣发展。

③DAO治理共建：持币者通过DAO投票决定铸币量、利率及储备策略。用户从"被动持币者"转为"制度共治者"，从而提升治理热情。

真正能被接受的稳定币，背后必有强制度、强治理、强合规、强场景支撑。稳定币不能止步于技术，必须打入市场、嵌入钱包、适应法规，最终才能赢得人心。

第8章 稳定币背后的数理逻辑

如果你问一位市场投机者:"为什么1枚USDC恒锚定1美元?"他们可能会给出各种答案:有监管背书、有储备资产、有套利机制,等等。

但如果你去问一位数学家,他可能会这样回答:"这是一个动态函数的稳定平衡点。"

在稳定币世界中,价格稳定依赖函数——就像清明节前的江南水田,水面看似平静,但下面的水渠正在进行无声的调节。这种稳定,是不断波动中的"动中求衡"。

稳定币背后隐藏着一套复杂的动态平衡方程组,通过动态调节,使稳定币的价格始终保持在相对稳定的水平。

8.1 稳定币的供需函数与均衡模型

均衡价格理论有这样一个观点：价格由市场供需曲线交点决定；用数学语言来描述，这个交点称为函数的均衡点。

但稳定币的定价机制更为复杂，它需同时协调3条函数曲线：铸币函数（决定新币发行量）、市场需求函数（反映用户持有意愿）、兑换函数（支撑赎回价值）。

这三条曲线不断变动，外部宏观事件（如监管政策变化）、"黑天鹅"事件、套利行为，都会对这3条曲线产生干扰。稳定币之所以稳定，本质是通过算法不断逼近三条曲线的动态交点，也就是系统的临时均衡状态。

稳定币不是法币，它既没有央行调控，也没有基准利率，但其设计出了一套柔性供给机制，如DAI的债务上限调节、USDD的弹性增发机制。这些机制都在解决一个核心问题：当市场需求发生变化时，如何同步调节供给？

中国古代的两淮盐区是重要的产盐区，但若运输不畅、价格涨幅过高，便容易引发民变，于是朝廷推行"盐引制"。"盐引"是朝廷发给盐商的食盐运销许可凭证，用票据限制盐的流通总量和价格。今天的稳定币，其实就是在链上重演了"盐引制"，不过工具从纸质盐引变成了智能合约，底层逻辑是离散时间函数和动态权重的参数调整。

当前很多稳定币采用移动均值算法（Moving Average Algorithm）作为调节算法。稳定币并不强求价格一有变动就立即回归锚点，而是参照过去一小时、一日或一周的价格均值进行调节。

稳定币的世界从不静止。每一个价格锚定背后，都有一个动态优化问

题，在数学中我们将其表示为

$$\min_x L(x) = \left[P_{\text{stablecoin}}(x) - 1\right]^2 + \lambda \cdot R(x)$$

式中，$P_{\text{stablecoin}}(x)$ 是稳定币的价格；$R(x)$ 是调节代价函数；λ 是权重系数。对这个公式的通俗解释是：稳定币试图把价格锚在单位法币，同时还要兼顾系统负载、市场摩擦、套利行为等干扰，稳定币的调节系统不追求静态解，而是试图将价格波动压缩在某个区间。

用户看到的是 1 USDC ≈ 1 美元，但他们没看到的是，这个等式的背后，有数百个参数在实时演算，驱动供给调节与市场再平衡。

8.2 抵押与杠杆的边界：线性约束

在稳定币世界，抵押品如同战略粮仓——粮足则价稳，仓虚则崩盘。

抵押这个概念其实并不新鲜。清朝时期，钱庄在放款时，通常会要求对方抵押田契，抵押率可能高达200%。那时候信息不对称、法治观念薄弱，一旦借款人"跑路"，庄家就血本无归。在当时的社会背景下，高抵押率是隔离风险的防火墙。

如今的稳定币系统，如DAI，也采用了类似的逻辑：你要铸出100枚DAI，必须先拿与150美元等值的ETH来抵押。

这套机制采用了数学上的线性约束条件：抵押价值 ≥ 抵押率 × 债务规模。

当抵押率 ≥ 清算线时，系统正常运行；但当抵押率 < 清算线时，系统中的清算函数将立即发挥作用。它不是一条平滑曲线，而是一条"突然跳崖"的折线，没有预警，只有陡降。

古代的贩盐商队常会"借盐加码"：拿100石盐换得2 000两银子，如此循环往复，换更多盐来倒卖。不幸的是，如果路遇盗匪，将银盐皆失。同理，稳定币用户也热衷于使用"自我循环杠杆"：拿ETH铸DAI，用DAI去借更多ETH，再抵押，再铸DAI……这种"循环式铸币"在数学上就是一个几何放大模型：

$$L = \frac{1}{1-\frac{1}{r}}$$

式中，r为每轮抵押率（如抵押率为150%时，$r=1.5$）。

当然，现代稳定币协议在设计清算机制时，通常会设置一个"风险缓冲区"（Risk Buffer Zone）和一个"清算线"（Liquidation Threshold）。例如，安全抵押率为150%，清算线为120%，清算惩罚为13%，这在数学上就是一组条件约束函数组。系统不断计算实时价格，评估抵押率是否跌穿清算线。一旦触发清算，就调用链上合约执行自动清算。

更高级的协议还会引入动态边界调整机制：当市场波动增大时，系统将自动拉高清算线（如从120%调整到130%），以有效应对市场的剧烈波动。

稳定币的稳定，并不意味着风险消失，相反，它只是在精细设定的"函数边界"中稳定。

8.3 自动化清算机制的博弈论：纳什均衡与局部最优

稳定币系统中的清算机制是一场充满张力的链上博弈游戏，无数互不信任的参与者依托算法规则与经济激励，在每一个区块高度争夺局部最优解——这正是链上金融的秩序基石。

在传统金融中，抵押品清算通常由法院或清算所执行。但在DeFi世界里，这个角色被清算人取代。

清算人是谁？他们不是系统管理员，而是套利者。例如，在Aave平台上，如果一个借款人的抵押率跌破清算线，任何人都可以向系统提交清算请求，并在清算成功后获得一部分"清算溢价"。

这是一个经济驱动型博弈的结构：借款人希望抵押物价格上涨，不被清算；清算人希望找准机会，低价获得抵押资产；系统希望二者相互牵制，保持平衡。

这就是一个三角博弈系统，每个参与者都试图以最小代价获得最大收益，最终达到一种动态均衡。

我们来看一个典型的链上博弈场景：当某个账户的抵押率刚刚跌破清算线时，有3个清算人同时发现这个机会，但如果所有人都一拥而上，同时发起清算交易，就会出现Gas费竞争与价格滑点冲击，导致套利收益被摊薄等；但若无人行动，系统风险就会持续累积。

此时，每个清算人都需要评估他人的策略：若他人按兵不动，我抢先清算就能独占收益；但如果别人已经行动，我再发起申请，反而有损失的可能。这其实就是在寻找纳什均衡——通过预判对手行为来选择对自己最有利的策略。

区块链的自动清算机制通过两项设计破解此困局：

- 离散时间窗口：清算资格在有限区块时间（如以太坊约12秒）内有效，迫使参与者及时决策。
- 优先清算激励：首笔成功清算交易获得全额清算溢价，后续交易收益递减。

很多人会问："如果稳定币系统通过算法博弈实现了链上均衡，那它就一定稳定吗？"答案是否定的。纳什均衡只是局部最优解，但没有从根本上解决问题，忽视了长远的系统性风险，如预言机价格失真、"黑天鹅"事件、大规模挤兑等，一旦这些高风险事件发生，局部套利均衡反而可能加速稳定币的全局崩溃。

8.4　核心函数模型：恒定乘积

　　稳定币的稳定，离不开一个特殊的"场"——流动性池。就像水利工程中水库不仅是蓄水工具，更是调控水流的动态平衡器。水能泛舟，也能覆舟；而稳定币能保值，也能破锚，问题不在于稳定币本身，而在于流动性模型是否符合数学规范。

　　DeFi世界的核心函数模型就是Uniswap的恒定乘积。恒定乘积可以有效抵御价格波动、维持交易平衡。

　　恒定乘积公式为

$$x \cdot y = k$$

式中，x与y是池中两种代币的储备量；k是恒定值。

　　这个模型有一个非常有趣的性质：滑点与交易规模具有强关联性，也就是说，如果你想一次性换走池子里90%的DAI，实际成交价格会因恒定乘积公式的约束而指数级飙升，这是数学为维持稳定币供需平衡而对"垄断性取水"施加的惩罚。

　　谁能理解如上数学结构，谁就能在稳定币市场的风浪中掌握好航向。真正的稳定，并非价格绝对静止，而是让价格在函数的约束下有限波动——这才是算法赋予金融秩序的韧性之美。

8.5 预言机的博弈悖论：贝叶斯机制

稳定币的锚定机制最终由谁说了算？是市场？是用户？是代码？

其实都不是，而是预言机。这个看似中立的接口，是系统信用与攻击风险的首要承载者。

传统金融资产价格依赖交易所撮合，而在区块链世界中，链上合约看不到链下世界，因此必须依赖预言机提供信息，如今天的ETH价值多少美元。常见的预言机类型：从互联网上的在线资源（如数据库、服务器）获取数据的软件预言机，从物理世界收集数据的硬件预言机，将链下数据传入链上的入站预言机，将链上数据输出至外部系统的出站预言机，以及中心化预言机、去中心化预言机、基于博弈论的预言机、基于密码学的预言机，等等。

当预言机报告ETH价格骤跌20%触发清算而实际价格又迅速恢复时，这个时间差就成了套利者的黄金机会。类似事件屡见不鲜，例如，2023年Polygon链上借贷协议BonqDAO因预言机被操控，攻击者通过篡改报价非法获利8 800万美元。

预言机机制的悖论在于：你越追求精准，系统就越脆弱；你越分散风险，系统就越迟钝，精度与鲁棒性不可兼得。中心化预言机好比一个骑着快马独自送信的信使，反应迅速，但一旦"被收买"或"被控制"，他要送的信的内容就会泄露。去中心化预言机则像分布多地的驿站网络，需要多数节点同意才能更新价格，这种机制虽然能够有效防止单点出错，但往往反应较慢，容易错过关键清算窗口。为了应对上述问题，有些系统引入了信誉模型：多个预言机并行报价，每次准确报价者可获得信誉积分，其提供的数据权重随积分提升；报价有误者则扣分，直至被系统驱逐。这个过程运用了贝叶斯统计决策方法。

这种机制让预言机之间形成了内部博弈:每个预言机都需要争取让自己被信任、维持信誉,从而避免被惩罚。

但问题是,攻击者可以伪装成信誉良好的预言机,在关键时刻突然"喂假价",使系统产生误判。

所以,要使稳定币系统真正稳定,要解决的不仅是数学问题,更是信任设计问题。

8.6 鲁棒性与熵模型:如何对抗"黑天鹅"?

大多数稳定币系统不是毁于日常波动,而是毁于认知之外的极端事件。

稳定币的生死考验来得往往令人措手不及——市场剧烈抛售、主流链瘫痪、预言机失真、抵押品暴跌、银行拒绝兑付、链下审计断联……每一个变量的剧烈跳变,都可能引发整个稳定币系统的连锁崩塌。

数学中有一个共识:最优解往往是最脆弱的。系统如何在"已知不确定性"中构筑防线?这就引出了两个关键词:鲁棒性和熵(Entropy)。

鲁棒性是指系统面对未知扰动仍能运行。稳定币的鲁棒机制体现在以下几个方面。

- 多抵押资产池:如MakerDAO同时引入RWA｜ETH｜USDC。
- 多预言机机制:如Chainlink与自建预言机互为校验。
- 清算人竞价机制:降低Gas费竞争风险。
- 紧急暂停机制:如Governor模块可冻结异常清算。
- 反向压力测试:模拟价格跳跃是否引发链式崩溃。

这些设计以牺牲一些效率为代价,换得系统在极端状态下有生存缓冲。

熵是衡量系统失序程度的数学指标。热力学告诉我们：孤立系统的熵永增不减，直到达到"热寂"状态——最大混乱、最低有序。

在稳定币的世界中，"熵"指的是价格与锚点的偏离幅度，是用户信心瓦解的速度，是链上交易流动性冻结的程度，是套利者不再行动、清算人离场……稳定币的熵增就像古代兵乱时人心溃散的局势：城未破，气先尽；币未崩，信先坍。

真正摧毁稳定币的，不是常规风险，而是其系统本身没考虑到的变量。真正拥有鲁棒性的稳定币协议，不是不会死，而是知道自己什么时候会死，并能够控制自己的死亡方式。

为增强稳定币系统的鲁棒性和稳定性，降低各种风险带来的负面影响，在稳定币领域，有以下几种风险控制机制。

- 容忍带宽机制：DAI在极端清算中设定价格缓冲带，减缓"踩踏"。
- 自毁机制：当预言机失效或清算连续失败时，自动冻结核心合约。
- "灰犀牛"追踪器：引入链上指标监控挤兑指数、预警交易热度，提前冻结敏感操作。

"黑天鹅"不可预测，但系统可通过结构缓冲尽可能减少变化的冲击。熵不可逆，但人类的制度可以重构秩序边界。稳定从来不是静止，而是在动荡中延迟崩溃、在熵增中争取有序的艺术。

8.7 隐形逻辑：数学如何管住人心？

稳定币的价格锚定，是供给函数、需求函数与兑换函数在复杂的博弈中达成的"临时协议"。它本质上是市场力量在数学约束下的暂时妥协。

Uniswap用恒定乘积公式来调节流动性池水位，Curve通过混合曲线（如

StableSwap不变式）来抑制波动，Balancer用加权函数在多资产间达成动态平衡。

这些函数并不是数学家写着玩儿的抽象游戏，它们是稳定币的"链上水利系统"。理解其数学结构，就理解了"水能载币，亦能覆币"的根本逻辑。

但"水利"终究是静态的，真正让稳定币系统运转起来的，是人性的博弈。链上的清算人并非公正的法官，而是套利猎手，他们时刻监测抵押率阈值，一旦跌破警戒线，清算机制立即启动：资产被抛售，竞拍系统开放，形成一场算法预设的惩罚性博弈。

这种机制将市场恐慌转化为有序再平衡，是一种制度化的危机消化程序。

第9章 稳定币与美元霸权

没有一场战争是不流血的。只是有些战争，流的不是血，而是钞票。

9.1 美元霸权对加密世界的担忧

世界上没有一种货币能像美元那样，在过去一个多世纪中，以如此高傲的姿态审视全球经济，主宰资源，制定规则。

美元的强大并非源自它本身，而是依赖于它背后的权力网络——一座拥有三层防御机制的金融堡垒。

（1）第一层防御：金本位的信仰陷阱——布雷顿森林体系。

1944年，布雷顿森林会议定下一个"金权帝国"的游戏规则：所有国家的货币锚定美元，美元锚定黄金，1盎司黄金=35美元。

从表面看，这是美元在替世界保管黄金，实则是黄金在为美元提供信用背书。布雷顿森林体系确立了美元的"纸黄金"地位——全球信任黄金，但黄金由美国控制,于是,信任黄金等同于信任美元,信任美元便等同于信任美国财政赤字。

这是美元霸权1.0:信用由黄金担保,黄金锁于美国金库,权力写于美国财政部的文件之中。

这种"钞票换黄金"的游戏,终在1971年走到尽头。尼克松一纸命令,宣布美元与黄金脱钩,布雷顿森林体系崩溃,但美元霸权未终结。

(2)第二层防御:石油美元的"钞票长城"。

1973年,第一次石油危机爆发,油价暴涨,引发全球经济动荡,在此背景下,美国为了稳定能源市场并维护其经济利益,与沙特阿拉伯及其他石油输出国组织(OPEC)成员国确认了以美元作为国际石油交易的计算及结算货币,从此美元开始与石油"挂钩",美元自然也成为全球外汇储备货币。

美元摇身一变,从"黄金信用证"变成了"能源门票"。

这是美元霸权2.0:美元不再以实物资产(如黄金)作为支撑,而是转向依赖信用体系,世界从此进入"纯信用货币时代"。美元的信用基础不仅依赖于美国国债,还受到美联储政策、美国军力与外交手段的影响。

从此,全球经济体系像是被套上了美元的"交易手铐":出口须美元定价,进口须美元储备,汇率波动受美联储政策牵引。

(3)第三层防御:华尔街的"金融黑箱"。

若要使美元霸权2.0的体系稳定运转,还得靠一张精密的网——华尔街。

华尔街不只是美国的金融中心,还是美元霸权的心脏。它是一个由评级机构、对冲基金、美联储、IMF和SWIFT组成的"高纬度金融集团"。它掌握谁的主权债券可进入全球储备、谁的信用评级被调降、谁的货币可以加入IMF特别提款权的篮子,等等。

任何国家试图挣脱美元体系,必将触动这张巨网的利益神经。

而如今，稳定币的兴起正迫使美国重新审视其霸权逻辑，迈入新一轮的金融博弈。

（1）比特币对美元体系的首次冲击。

2008年，美国第四大投资银行雷曼兄弟由于投资失利，宣布申请破产保护，引发了全球金融海啸，西方金融信用根基动摇。几乎在同一时间，中本聪发布了比特币白皮书，宣称要建立"一个不依赖中央银行的点对点的货币系统"，比特币背后没有王权，也没有中央银行，更没有托管金库，有的只是数学、算法和全网共识。

美国一开始不以为意，认为这不过是极客的"数字游戏"，但短短几年时间，比特币的价格从1美分飙升至2013年的1 000美元，并形成去美元的独立结算生态时，美国终于意识到：这不仅是一个新货币，更可能是去中心化金融秩序的雏形。

于是，美国对比特币进行"链上围剿"：2013年，美国财政部将比特币纳入反洗钱监控；美国证券交易委员会（SEC）警告比特币可能构成"未注册证券"；美国国内税务局（IRS）将其定性为应税财产并对其征税；美国联邦调查局（FBI）关闭暗网平台"丝绸之路"并没收其中流通的比特币；大型交易所如Mt.Gox倒下，比特币再陷信用危机……每一步都是精准打击。但打击的目的不是封杀，而是对比特币进行合规驯化。

（2）美元对稳定币的反制。

2017年以后，比特币因价格波动剧烈，难以承担交易职能，导致其在交易结算中的应用存在较大难度。USDT、USDC等稳定币乘势崛起，它们的特点是：以美元储备为支撑，1∶1锚定美元；稳定、可流通、易交易，很快成为加密世界的"交易血液"。

稳定币可看作"仿生美元"：它在功能上模仿美元，却不受美联储控制；运行在链上，却不需要银行许可；与DeFi结合，绕开传统金融系统的监控。这对美国而言，是一种"隐性去美元化"——借用美元信用却稀释其控制权。

（3）美元信用的延续与权力的流失。

从长远看，稳定币正在从以下三大维度侵蚀美元霸权。

①去银行化：稳定币可绕过传统银行系统进行结算，冲击美元在支付结算中的垄断地位。

②去管制化：算法稳定币、自托管钱包等形式使资金流动脱离主权国家监管视野。

③去本土化：大多数稳定币交易发生在境外平台，美元资产实质外流至离岸账户。

这意味着：美元霸权不再取决于"是否被使用"，而取决于"使用载体是否受美国掌控"。

而稳定币，正在悄悄夺走这个"载体"的控制权。

因此，美国对稳定币的警惕尤甚，监管机构随即铺开如下三条战线，对稳定币进行"围剿"。

①进行合规审查

2025年，中国香港金融管理局依据新出台的《稳定币条例》，对拟在港发行稳定币的多家机构进行牌照审核，尤其是合规运营、风险管控及反洗钱机制等方面，对不符合标准的申请予以驳回，向意图在港开展稳定币业务的机构明确合规红线。

②对Libra的全面扼杀

2019年，Facebook（现已更名为Meta）推出Libra项目（现更名为Diem），依托全球30亿用户生态，试图构建超主权货币体系。这直接触及美国货币主权红线，为此，美国国会连续召开三场听证会，直指Libra威胁美元地位与金融稳定；扎克伯格被迫亲赴国会辩解，仍遭两党议员联合抨击；美国借一系列政策，将稳定币纳入国家战略，全面绞杀可能冲击美元体系的Libra构想，Visa等支付巨头在监管压力下集体退出联盟；项目被迫更名为Diem，最终于2022年彻底关闭。

③对USDC"招安"

与Tether的"灰色生存"相反，USDC发行方Circle主动拥抱监管：接受FinCEN审查，按时接受审计并公开储备金报告，注册为持牌货币服务企业，被纳入美国州级金融监管框架。

美国监管方没有禁止USDC，而是让它为自己所用。美国对加密货币的策略不是"围堵"，也不是"放养"，而是一种"半开放式圈养"模式：你可以创新，但只能在我规定的范围内创新；你可以流通，但必须锚定美元；你可以发币，但必须接受我的审计与监管。

稳定币的崛起，很可能推动美元进入"去中心化与再集中"的新拉锯：若成功将主流稳定币纳入监管，美元很可能可以通过链上延伸强化其全球主导地位；若稳定币突破重围，美元可能沦为"信用犹存但影响力式微"的储备货币，重蹈日元国际化的覆辙——信用虽在，影响力却在逐年递减。

这场链上货币之争，才刚刚拉开序幕。

9.2 锚定美元的两面性：羽翼 or 桎梏

在金融的舞台上，美元既是天使的翅膀，也是魔鬼的枷锁。它能助你高飞，也能令你坠亡。

在稳定币世界里，有一个极具讽刺意味的悖论：几乎所有成功的稳定币都锚定美元，但几乎所有合规风险也来自对美元的锚定。到底是美元成就了稳定币，还是稳定币被美元禁锢于阴影之下？

这个问题不仅关乎技术，更涉及货币主权、地缘政治与全球资本的未来。

我们不得不承认，稳定币之所以能迅速崛起，美元功不可没。在稳定币的发展过程中，美元发挥了以下积极作用。

（1）统一计价单位：可以说美元是世界的"货币通用语"，无论身处何地，用户交易数字资产、进行跨境支付或储值时，美元都是首选。锚定美元的稳定币由此天然获得"全球语言优势"。

（2）流动性通道：稳定币以美元计价，可无缝对接美债、美元现货及美元计价的商品，可快速嵌入交易所、钱包与DeFi生态。

（3）心理价格锚定：一枚价值"1美元"的稳定币，比"1人民币""1黄金粒"更容易被全球用户理解与接受。

（4）监管默许的庇护期：尽管美国财政部与SEC多次警示稳定币存在风险，但对USDC等合规项目往往采取"警示但默许"的态度，为锚定美元的稳定币的早期发展预留了生存空间。

但稳定币一旦锚定美元，就等于接受了一系列"枷锁"。

（1）美元即监管：一旦稳定币锚定美元，那么无论发币地、注册国或底层链在何处，均须服从美国法律辖权。例如，币安与Paxos合作发行的BUSD被NYDFS（纽约州金融服务部）强制终止发行，Tornado Cash因参与洗钱被列入制裁名单，USDC被迫冻结相关地址资产等。有时候，越依赖美元信用，越易被"美元法权"吞噬。

（2）锚定路径依赖：很多稳定币将"链上稳定"建立在对传统银行托管的信任之上，可一旦托管银行出现问题，币值即刻脱锚。瑞士加密货币友好银行FlowBank破产倒闭事件即为明证：锚定欧元的稳定币AEUR因6 300万美元储备托管于FlowBank，破产消息传出后，市场恐慌蔓延，AEUR价格下滑，虽经多方努力后最终稳定，但这一风波暴露了法币锚定币的致命问题：币在链上，锚在银行，而银行本身也会倒闭。

链上清算速度是秒级的，但传统银行系统的清算、审计等需要几天的时间，二者之间存在无法调和的时间差，这种时间差是稳定币系统性风险的起点。

（3）地缘政治风险：在去全球化浪潮中，美元体系是美国国家战略工具。完全绑定美元的稳定币，可能面临跨境清算中断、账户被冻结或合规审查等风险。

我们可以用一个形象的比喻来总结美元锚定型稳定币的宿命：它诞生之时便拥有翅膀，但这双翅膀来自美联储的监控室，它飞得越高，美国的监管越紧；它的规模越大，美国政府的收编意愿越强。这是稳定币发展过程中的"美元困境"：依附美元，则永为"金融附庸"；脱离美元，却面临流动性枯竭与信任崩塌。

那么挣脱美元桎梏的破局之路有哪些？

（1）多锚定结构：如中国香港的HKDG（港元+离岸人民币）、FRAX的"部分法币+算法结构"、新加坡的XSGD（新元+一篮子货币）等，都试图建立"非单一美元"的新锚定体系。

（2）本币稳定币：如欧洲的EURC、EURT、EURS、EURE等，中国香港的e-HKD，新加坡SORA，日本的JPYC以及拉丁美洲的一些稳定币项目，开始尝试以本国货币为锚，建立"本币数字资产"。虽然流通性较差，但这可能是未来国家稳定币主权的战略基石。

（3）RWA锚定：以黄金、国债、碳信用等非美元资产为价值基础，构建"非美元信用锚"，让稳定币能在美元之外建立自己的底层价值体系。

稳定币与美元的关系恰似学生与导师：在初级阶段，导师制定的规则是促进学生成长的工具；但学生成熟后，唯有突破教条方能真正独立。

稳定币不是美元的敌人，而是美元体系内部孕育出的"变异种子"。它既可能成为美元数字霸权的新工具，也可能蜕变为旧金融秩序的颠覆者。

9.3 锚定野心：稳定币能否成为"新本位"？

每一轮货币革命，都始于对旧锚定体系的反叛。当多数稳定币仍以美元为锚时，一个更宏大的命题已然浮现：稳定币能否像美元那样实现身份逆转，从锚定者变成被锚者？这就是稳定币的"本位野心"：不再寄人篱下，而是自己成为新的信用原点、交易基准与价值尺度。

在讨论稳定币能否成为"新本位"之前，我们必须先理解一个概念：什么是货币本位？

所谓货币本位，具有如下三重能力。

（1）结算默认权（全球交易首选你）。

（2）定价参考权（商品以你标价）。

（3）储备优先权（危机中你是避风港）。

19世纪的银本位、20世纪的金本位、"二战"后的美元本位，皆因满足流通性好、稳定性强、制度输出力强三个条件而确立。而今，部分稳定币正以非常规路径反向构建这些能力。

在非洲尼日利亚、肯尼亚、加纳等国，因本币贬值严重、银行失灵、国际结算障碍大，USDT在P2P交易中被广泛使用，甚至成为跨境贸易的结算单位、零工经济平台的工资支付手段。在一些城市的实际经济运行中，USDT已逐渐代替美元甚至本币，成为事实上的本位货币。

这是一种现实倒逼出来的去央行化金融结构：既然美元与SWIFT拒绝对我们开放，那我们就用链上的USDT自建去央行化的金融体系。

稳定币要成为"新本位"，就要承担被锚定的责任。然而，稳定币毕竟缺乏主权支持、没有央行背书也没有财政收入，那么它们将如何应对最为严峻的挑战——周期性信心崩塌?

如表9-1所示的"组合拳"有助于解决这一问题。

表9-1 稳定币迈向"新本位"的"组合拳"

能力维度	实现路径
信用来源多元化	采用混合锚定模式(多币种组合+真实世界资产代币化+算法调控)
制度保障强化	与主权国家及区域经济体合作建立合规框架
清算网络自治	构建"链上支付+合约交易+治理代币"的闭环生态
去美元化结算路径	在链上建立多币种兑换池,减少对美元的依赖
价值流动性	实现现实资产链上映射(如黄金/债券的代币化)

"链上协议+现实资产+生态治理"组成新型信用锚。

这种"新本位"未必能够取代美元,但可能成为全球货币权力多极化的重要支点。稳定币若想成为真正的本位货币,就像当年美元要取代黄金一样,需要跨越如下三重壁垒。

· 制度重构——打破主权货币垄断,建立链上自治规则。

· 技术突破——实现资产跨链映射与实时清算。

· 心理认同——培养用户对非国家信用的集体信任,这比技术落地更难。

真正的世界货币,不会只属于一个国家。或许,下一代的全球计价单位,不叫USD,不叫CNY,也不叫BTC,而是某个我们现在还没听过的链上合约生成物。它不依赖强权担保,却因透明可信而被广泛接纳;不由央行发行,却因生态共识而成为价值尺度。

9.4 美国对稳定币的战略反制

稳定币试图挣脱美元的束缚，追求"新本位"的野心并不是没有代价的。一旦稳定币脱锚成功，受损的将不仅仅是美联储，更是美国金融权力体系。

因此，美国政府及相关金融机构展开了"反锚定战役"——以监管、法律为武器，试图重新定义稳定币的生存规则。

（1）出台《天才法案》，要求发行稳定币的公司取得银行牌照、接受联邦监管，并且必须1∶1持有美债；禁止算法稳定币发行，强制稳定币发行机构接受月度审计披露储备构成；境外稳定币须通过美国财政部认定方可入场。

（2）州级监管协同：因部分储备未达美债标准，NYDFS直接干预Paxos，禁止其继续发行BUSD，同时默许USDC作为"合规典范"接入Visa、PayPal等传统支付网络，成为美元数字化先锋。

（3）DeFi协议打压：美国商品期货交易委员会（CFTC）起诉多家DeFi协议，指控其运行未经授权的稳定币衍生品交易，这实质上是在限制链上自由兑换。

这一套动作传达了一个清晰的信号：稳定币可以存在，但前提是它必须成为美元战略工具的一部分，而非对抗者。

美联储原本对于"数字美元"极为谨慎。但自2022年以来，局势发生了改变：FedNow实时支付系统上线，为商业银行提供即时支付基础设施；麻省理工学院与波士顿联邦储备银行合作推进Project Hamilton（汉密尔顿项目），旨在开发类似比特币的中央银行数字货币；国会多次讨论推出"批发型"数字货币，面向跨境清算和机构使用场景。

美国的目标并不是像中国DCEP（中国版法定数字货币）那样试图全民普及，而是试图构建一个官方的链上美元清算网络，直接替代USDT、DAI等私营稳定币。

CBDC是美国从"允许民间实验"转向"官方收编"的标志性反击。

除了国内收编，美国还展开了对"非美元稳定币尝试"的战略钳制：阻止Facebook推出Libra，对中国香港的e-HKD项目密切关注，并派出驻港金融机构参与合规谈判。这一切行动的根本目的，就是维持美元的金融霸权地位。

9.5 美债危机与 SWIFT 变革

货币从不是纯粹的中立等价物，而是权力的"续命"工具。

当下美国深陷的债务危机本质并非"无力偿还"，而是陷入信用困境。如今美国国债总额已超过37万亿美元，核心挑战在于如何让全球继续相信美国国债的价值。

稳定币正被塑造成美债的链上续命机制。

我们来看看USDC的资产结构。Circle会把绝大多数储备资产用于购买短期美国国债，这些短期美国国债的收益不高，但稳定、安全、流动性好。也就是说，当你使用USDC进行支付或理财时，其背后的美元其实是被用于购买美债的。中东基金不愿直接持有美债，却愿意持有一个"年化收益率4.5%、链上可交易"的稳定币，而这一稳定币实际上正是以美国国债为锚定。

稳定币除了对美元本身造成冲击，还会对SWIFT构成冲击。

自1973年SWIFT成立以来,它在全球跨境支付的信息传递领域始终占据主导地位。美元通过SWIFT和纽约清算所银行同业支付系统(CHIPS)这两个"隐形枢纽",几乎影响着世界每一笔资金的流动。

要理解稳定币结算的影响,必须先了解SWIFT在当前国际金融体系中的重要性。

(1)扮演关键基础设施角色,而非直接掌控资金。

SWIFT本质上只是一个信息系统,不涉及实际的资金转账或持有,主要负责传递支付指令,如"支付方银行确认向收款方银行支付××金额"。然而,正是通过控制这个支付指令传递通道,SWIFT成为全球金融的"高速公路管理员"。没有SWIFT,跨境支付的效率将大幅降低。

(2)受地缘政治因素影响显著。

虽然SWIFT是以比利时为总部的国际组织,但受到美国政治和金融压力的影响,配合实施了一些金融制裁,如伊朗被踢出SWIFT;俄乌冲突后,部分俄罗斯银行被切断与SWIFT的连接;朝鲜、叙利亚等国也曾遭受类似限制。SWIFT已不再是单纯的技术系统,而是某些大国实施金融政策的重要机构。

但USDT、USDC、DAI、Tether Gold等稳定币出现后,它们利用区块链技术构建了独立的清结算路径,不再需要传统银行配合,资产的转移、确认、结算等环节,全部可以在链上自动完成。

举个简单例子:一个印度商人如果需要向中国厂商支付30万美元的货款,他不需要依赖传统的国际银行转账,只需发一个链上USDT指令,便可以在几分钟内完成支付,既不需要SWIFT,也不用开通美元账户,悄无声息地绕开了美国金融的"海关"。

SWIFT和稳定币的冲突,既可以看作支付体系的更替,又是金融主权的碰撞。

"冷战"结束后,以美元为主导的货币体系建立,SWIFT成为关键的国际支付信息通道：谁能进SWIFT，谁就能更便捷地参与国际贸易；谁被踢出SWIFT，谁就会在国际金融体系中陷入困境。

稳定币的初登场并不高调，它只是加密市场中的"避险通证"，用来在市场波动中保值，并促进交易。但它逐渐发展出以下特点，形成了与传统体系的差异。

（1）边缘渗透。非洲、拉美、东南亚的部分地区对SWIFT的依赖最低，对银行系统的信任也最弱。在这些地区，稳定币提供了更便捷的支付方式。

（2）链上自动处理。稳定币的流通不依赖传统银行，资产转账、支付、清算等环节都通过智能合约自动完成，每个钱包地址都是一个"自有账户银行"，构建了一种去中心化程度较高的新模式，这与SWIFT需要许可授权的体系有本质不同。

（3）业务范围的扩展。当稳定币开始应用于企业工资发放、跨境贸易清算及某些B2B交易场景时，其功能开始与SWIFT产生重叠。特别是DeFi协议的清结算能力延伸至实际经济活动时，稳定币的角色就演变为SWIFT的潜在竞争者。

稳定币的未来发展路径如表9-2所示。

表9-2 稳定币未来可能的三种发展路径

路径类型	主要特征	发展结果
融合型	稳定币与传统金融体系深度结合	稳定币在合规框架下运行，链上交易作为SWIFT系统的补充接口
并行型	稳定币系统与传统金融系统并存，各自独立运行	SWIFT继续主导传统跨境支付，稳定币服务于加密原生经济及特定区域的跨境结算
革新型	稳定币建立独立的多币种清算体系	基于多国货币锚定与智能合约的链上自治，稳定币成为主流，SWIFT重要性相对下降

当前稳定币的发展正处于"并行型初期+融合型加速尝试"阶段。

稳定币能否成为具有独立运作能力的链上支付体系，要回答三个问题：由谁界定清算行为的合法性？由谁确保支撑稳定币的底层资产真实有效？

在极端事件（如挤兑、系统故障）中，谁有权暂停交易、修正错误并恢复系统运行？

如果这些问题的答案依然是"传统金融监管机构"，那么稳定币就只是现有体系的附庸。反之，若上述职能逐步由分布式协议、智能合约或多边协调机制承担，则意味着金融基础设施的运作逻辑可能发生结构性转变。

第10章 香港雄心：参与全球数字货币竞争

香港既不拥有完全独立的货币发行权，却长期占据着亚洲美元"结算港"的枢纽地位。

在区块链时代，谁掌握了链上的清算权，谁就可能成为未来金融体系的"中转站"。

香港虽地域有限，但正依托其金融地位探索新的定位：不再满足于充当美元与人民币的"搬运工"，而是谋求成为链上稳定币的"锚定地"，成为双币锚定型稳定币的发行中心。

10.1 站在数字货币"大航海"的起点

过去五十年，香港一直被看作亚洲金融的清算"中转站"，香港凭借自由市场与法治环境成为亚洲金融枢纽。

2019年以前，香港对于虚拟货币的监管态度较为模糊。2020年DeFi兴起后,香港金融管理局意识到稳定币可能挑战传统跨境清算体系,由此,2025年香港推动两项试点:第一,允许银行及金融科技公司测试链上稳定币结算与数字资产托管;第二,支持本地银行测试港元稳定币跨境支付。

2022年起,香港发布《香港数字资产发展政策宣言2.0》等文件,并接连采取了一系列措施,如进行金融科技规划,新增加密资产支付清算内容;实施虚拟资产服务商(VASP)牌照制度;设立专项资金支持Web3.0创新等。

目前,香港已从四大维度全面展开稳定币计划。

(1)明确定义稳定币监管框架。

2025年5月,香港通过《稳定币条例》,要求发行人必须持牌并满足资本要求,储备100%优质流动资产且隔离托管,保障用户按面值赎回权利。这不仅是监管,更是为未来"香港官方稳定币"预留制度走廊。

(2)稳定币锚定港元。

渣打银行、安拟集团、香港电讯共同开发的锚定港元的稳定币HKDG,其相关工作已经取得了显著进展,为正式发行提供了法律基础和监管框架。

(3)支付场景测试。

几家获得"储值支付工具许可"的本地公司(如八达通控股有限公司)正在与链上稳定币项目接洽,对"线上HKDG付款+链上稳定结算"的模式进行测试。

(4)区域合作拓展。

2024年,中国香港金融管理局(简称"金管局")与阿拉伯联合酋长国中央银行、新加坡金融管理局签署多项合作备忘录,涉及跨境数字货币支付、链上稳定币清算通道等,探索港元稳定币在东盟(东南亚国家联盟)及中东的应用场景。

香港一系列举措的目标很清晰:让港元稳定币成为"亚洲结算之锚",实现从"纽伦港"到"链上金融之都"的跃迁。

"纽伦港"并不是一个地方,而是纽约、伦敦、香港的合称。

这三个城市位于不同地区(北美、欧洲、亚洲),共同构成了20世纪后半叶全球资本24小时不间断流转的关键枢纽,并支撑着美元主导的国际金融体系。纽约作为美联储所在地,是美元的核心;伦敦是离岸美元的中心,主导全球外汇清算与黄金定价;香港则是亚洲重要的金融中心,是亚洲资本流动的重要门户。

当前,金融体系正由传统交易转向智能合约,美元清算面临稳定币支付的挑战,香港正积极转型,探索从传统金融的"结算港"转变为区块链时代支持稳定币发行、托管与链上清算的新枢纽。

10.2 香港稳定币的五大核心优势

香港独特的制度基础与金融生态,使其在稳定币发展中具备天然优势。

(1)双币锚定体系:成熟机制的链上迁移。

香港有一个独特的货币制度——联系汇率制度。港元与美元挂钩,汇率几乎不变,通过7.75~7.85港元兑1美元的双向兑换区间维持汇率稳定。

离岸人民币依托中国香港市场自由流通,双币协同机制支撑香港国际金融中心的货币灵活性与稳定性。

这一机制与稳定币的"资产储备→代币发行→合规清算"框架高度契合,为香港发展链上稳定币提供了现成的经验。

(2)制度兼容性:衔接多边市场的监管框架。

在全球范围内,大多数稳定币发行商均面临一个基本难题:若将发行机构设立在美国等有一定加密货币基础的国家,就必须接受SEC或FinCEN等机构监管,存在商业限制;若设立在新兴市场,虽然政策宽松,但面临失信风险，难以获得全球主流金融机构认可。

香港的"一国两制"使其具备独特的优势：在法律体系方面，它可以调和国际规则与内地政策；金融监管方面，采用"同业同规"原则，对银行与非银机构统一准入标准。这既能保障稳定币的合规性，又可以避免单一司法辖区的监管局限，可为稳定币提供"多边兼容"的制度接口。

（3）跨境支付体系高度成熟：稳定币运行的实验场。

香港是全球主要跨境结算枢纽之一，拥有成熟的金融基础设施。稳定币的最大现实用途之一，就是提升跨境支付效率、降低成本，在传统金融尚未彻底"退位"之前，稳定币要想取得实效，必须依赖现有清算网络来实现"落地"。

香港的双边清算能力、金融IT建设、数据沙箱平台已具雏形，可作为稳定币运行的"实验场"。

（4）链上金融人才生态：合规金融的技术支撑。

自2022年年底以来，香港特区政府积极推动Web3.0产业化生态建设。目前，香港已初步形成相对完整的Web3.0专业生态。

- 项目团队：如HKDG等。
- 发行机构：京东币链（跨境电商结算）、圆币科技（RWA代币化）进入金管局沙盒测试。
- 技术开发：香港高校（如港中大）研发自主区块链共识算法，优化跨境支付。
- 合规服务：11家持牌交易所（如OSL、HashKey）提供资产托管，众安银行首创稳定币储备金管理。
- 监管协同：金管局联合证监会构建链上反洗钱监控系统。

（5）双轨金融连接：人民币与美元的枢纽。

香港能同时连接人民币与美元清算系统。你可以在香港拥有人民币离岸账户，也可以用港元结算美元挂钩资产，链上稳定币（如USDC）也可通过DeFi钱包无障碍运行。

这意味着香港可以扮演"链上美元"与"链上人民币"的金融翻译官，成为连接两个金融中心的通道。

10.3　双币稳定币的操作机制

什么是双币稳定币？双币稳定币是一种在DeFi生态中流通的加密资产，由两种货币组合储备支持，并通过链上智能合约实现监管、流通和锚定。

（1）链下资产储备机制：港元、离岸人民币的"组合锚"。

不同于USDT、USDC等单币锚定型稳定币仅锚定美元，香港设计的双币稳定币采用"双币储备"的方式，由港元和离岸人民币组合储备支持。

港元部分通常由香港银行体系中的高质量流动资产（HQLA）提供，如短期债券、现金、同业拆借资金等，可以增强系统对香港本地利率与监管的响应能力。

离岸人民币储备由配置境外优质债券、存款证等资产构成，既能适配汇率波动风险，又严守跨境监管要求与风控标准，为稳定兑付与多元场景应用提供支撑。

这构成了一个组合抵押篮子，类似当年的国际货币基金组织的SDR结构，但更加灵活且易于编程实现。

在链上，这部分资产通常不会直接上链（因为美元不能直接存在链上），而是通过托管证明与铸币机制连接。就像金本位时代纸币背后都有对应的黄金储备，每一枚HKDG都对应真实的资产。

（2）链上铸币机制：用代码复刻"金管局"。

传统金融中，港元供应由三大发钞银行和金管局控制；而在链上，这个功能将由智能合约、预言机、储备管理机制共同承担。具体流程如下。

①用户将法币（港元/离岸人民币）存入合规银行账户。

②银行通过API触发铸币操作，将对应凭证发送至链上。

③智能合约校验后，按比例铸造HKDG。

④合约记录储备结构，并生成链上日志。

⑤若港元部分储备比例失衡，合约会自动禁止新增铸币或触发预警。

在这个过程中，预言机扮演"价格探测者"的角色，定时向智能合约提供关键数据，如港元兑美元汇率、港元市场利率、储备资产市值、链下账户余额等。

这就相当于在链上构建了一个"金管局"，无须央行直接操控，却能动态维稳。

（3）销毁与赎回：自动化回兑机制。

稳定币不是只进不出的"电子筹码"，它必须有完整的赎回机制。在香港双币稳定币的设计中，其赎回机制大致如下。

①用户将HKDG发送至回收合约地址。

②系统自动记录销毁指令，并释放对应的抵押权。

③合规银行通过链下系统将等额港元/离岸人民币退还客户。

此机制类似19世纪金本位制度下的黄金兑付：纸币持有者拥有资产回兑权，但黄金储备不足时，容易引发挤兑风险。但在现代机制中，智能合约、链上账户与链下系统协同工作，减少了人为失误；铸币和赎回的自动化，使"货币信任"基于透明机制而非中央权威。

（4）套利通道与市场维稳。

任何稳定币若想维持锚定，都需要一个套利机制。举个例子：当HKDG在市场上价格高于1港元时，套利者会用更多法币兑换更多HKDG出售获利；当HKDG市场价格低于1港元时，套利者可以低价买入，在系统中赎回等值港元从而套利。

（5）程序化的制度表达。

香港的双币稳定币不是一种新的加密货币，而是将现有的金融制度转化为代码，移植到链上，在全球范围内运行。它是对稳定的一次重新定义——不依赖权威宣布锚定，而是靠机制设计、透明度、价格反馈与惩罚机制共同维护锚定。

10.4 双锚张力带来的系统性缺陷

双币锚定型稳定币锚定的货币间若缺乏协同机制，就可能产生相互制约的结构性矛盾。

历史其实并不缺乏双重货币锚定的尝试：清朝时并行"制钱（铜币）"与"银两"制度，以应对内贸和外贸需求；1969年，国际货币基金组织设计"特别提款权货币篮子"，基于一篮子货币的组合，包括美元、欧元、人民币、日元和英镑，与黄金、外汇等其他储备资产一起构成国际储备，以求稳定全球汇率波动。

然而，这些尝试最终都因效率低下或锚定失效而难以持续。香港双币稳定币虽有历史经验可借鉴，但仍可能存在以下系统性缺陷。

（1）锚点对冲：离岸人民币与港元的信用来源不同。

双币锚定的一大难题在于信用来源并不相同。

离岸人民币依托境外优质资产，受国际流动性与汇率影响；港元的信用依托香港金管局的联系汇率制度，与美元挂钩，但同时受中国内地与香港本地经济影响。

当全球资本市场波动（如美联储突然加息或者港元本地资金被大量抽离）时，两种锚便会发生冲突，具体表现为港元利率被动跟随美元调整，但稳定币的港元/离岸人民币储备比例难以在短时间内自动调整，从而可能削弱系统应对风险的能力。

（2）预言机风险叠加：汇率与价格源冲突。

在技术上，双币锚定最大的难点在于喂价机制的设计。

需实时整合离岸人民币与港元的多渠道市场数据，平衡两类货币的汇率波动、流动性差异及跨境监管规则。既要解决报价延迟或偏差引发的套利风险，又要应对极端行情（如美联储加息）下的价格失真，还需动态调整双币储备资产估值逻辑，兼顾流动性变化，确保锚定价格公允、实时且系统稳定，避免机制漏洞对币值产生影响。

（3）套利路径复杂化削弱稳定机制。

单币锚定型稳定币的套利路径非常清晰：如果1枚USDC大于1美元，就会触发套利；如果1枚USDC小于1美元，市场自行买入，自动恢复锚定。

而在双币稳定币中，需要判断当前HKDG的市场价格、港元与离岸人民币的汇率变动，同时考虑储备篮子当前的实际组成与银行兑付延迟情况。

举个例子：假设某日HKDG跌至0.96港元，你认为可以套利，但系统储备中离岸人民币占比过高，港元账户流动性不足，合约会暂停赎回，导致套利路径被切断。双币稳定币的复杂性削弱了其稳定性，也不如去中心化稳定币那样灵活。

（4）监管合规的双重挑战。

一个不得不面对的现实是，双币锚定的每一步都必须通过两个监管系统审批：港元部分须受香港金管局及银行监管，离岸人民币部分则面临跨境资本流动，国际反洗钱标准及汇率管理规则的多重限制。

这就造成一种荒诞的局面：明明是"程序可执行"，却要"手动审批"；明明合约本身是无国界的，却必须接受国界限制之下的逐笔授权。制度无法代码化，技术与监管就可能产生摩擦。

（5）两种信用的协调术，能否用代码实现？

双币锚定存在一个根本矛盾，就是冲突时的决策权归属问题。

当港元与离岸人民币产生利益冲突，是港元优先，还是离岸人民币优先？是保护本地兑换路径，还是维护全球套利通道？这并非一个单纯依靠技术就能解答的问题，而是涉及政治与信用权衡的复杂议题。

10.5　打造属于自己的世界货币

区块链技术通过代码建立信任，以智能合约执行规则，这一机制看似完美，实则存在风险。

香港的货币制度是"用制度托底创新"，试图依托其金融地位，成为全球 Web 3.0 的实验场，构建具备全球影响力的数字货币体系。

但该探索面临很大的风险。

2025 年，一个名为"DGCX 鑫慷嘉"的平台谎称自己是"迪拜黄金和商品交易所"的中国分站，通过设立虚拟交易场所和线下发展会员的方式，开展"现货""期货""石油""外汇"等网络投资活动，以日息 1% 的高额回报吸引投资者，涉嫌集资诈骗。2025 年 6 月该平台暴雷，平台创始人卷款外逃，致使 200 万投资者损失 130 亿人民币。

"试验"与"作恶"，有的时候只有一线之隔。

香港允许虚拟货币类项目在监管沙盒中"试验性上线"，其初衷是好的，但问题在于：在 Web 3.0 的世界里，"试验"与"割韭菜"之间，只差一份代码权限。

有项目方在测试合约中预留了可修改的函数，以使日后以"模型调整"为借口超发代币、掏空流动资金池。

传统金融业务受困，中国内地资金北上，港股低迷，在这种背景下，Web3.0、稳定币、数字金融等被视为发展机遇。但相应地，要想持续稳定地发展下去，必须加强监管，建立真正有效的链上审计机制。

- 合约强制开源：项目上线前必须经多方审计，锁定核心合约参数。
- 链上身份验证：所有涉及资金交互的合约必须集成链上身份验证系统。
- 风险合约冻结机制：建立跨链欺诈合约数据库，支持实时风险拦截。
- 三方责任机制：项目方、审计方、监管方必须共担责任，且做到链上行为留痕，永久不可删除。

要想成功地从传统金融向数字化转型，香港必须平衡创新支持与风险防控。作为国际金融枢纽，其监管成效将影响亚洲区域金融数字化进程。

第11章 中国数字货币之棋局

从贝壳到布币,从铜钱到纸钞,每一次货币形态的变革,都伴随着信用体系的重构。

11.1 主权货币与市场工具的差异化定位

中央银行数字货币(如数字人民币)与稳定币并非替代关系,而是基于不同逻辑的互补体系。

数字人民币是主权信用的数字化延伸,由中国人民银行发行并承担法定偿付责任;稳定币是市场驱动的支付工具,依赖商业机构信用和算法机制维持价值稳定。二者在本质上存在一定的差异:在信用基础方面,数字人民币依托国家主权背书,稳定币依赖抵押资产和商业信用;在技术方面,数字人民币通过可控匿名、智能合约等实现监管穿透性,稳定币则侧重交易效率与去中心化。

现在我们来回答一下问题：中国人民银行为什么要推出数字人民币？

它不是不信任纸币，也不是追求潮流，而是避免支付数据由商业银行或科技公司垄断，确保央行掌握货币流通的全链路信息。

传统纸币是靠"印刷"和"物理运输"完成流通的，但在移动支付全面渗透之后，货币的流通路径已经数字化。谁掌握支付数据、交易轨迹、算法清算逻辑，谁才拥有货币的核心控制权限。

在这种背景下，数字人民币应运而生。

它不是支付宝的"对手"，不是微信支付的"平替"，而是一种"底层重构"——将支付体系重新纳入央行监管。

在技术架构上，数字人民币兼容账户式与钱包式两种结构：可绑定银行卡账户，也可通过手机 SIM 卡硬钱包使用；即便无网无电，也能离线支付。这使其成为适用于战时、灾后、边疆及航天等场景的实用货币。

到 2023 年，数字人民币系统已初步形成三位一体的格局。

- 技术层：基于对称加密、哈希算法、可控匿名及分布式存储等技术构建。
- 运营层：涵盖银行、电信、平台企业三大类渠道。
- 治理层：由中国人民银行牵头，政策、标准、监管、合规全部统一。

综合来看，数字人民币不是某个 App 的钱包产品，而是国家级的"数字货币操作系统"。

许多人以为数字人民币只能在国内使用，但实际上它是国际战略的一部分。"一带一路"倡议作为中国近年来的关键布局，涉及各种基础设施建设，如铁路、港口及数字通信和物流网络，在建设过程中要面对一个重要挑战，那就是资金流动问题。

2024 年，中国与新加坡、马来西亚及东盟多国启动数字跨境支付桥项目，获国际清算银行大力支持，中国为核心主导方之一。

该项目完成实用版全流程测试，在东南亚贸易中成功结算多笔大额能源交易,这意味着未来区域能源贸易可直接用数字人民币完成结算,有效绕开传统复杂的清算系统。

当前,数字人民币并没有完全改变人们的支付习惯,也没有颠覆现有的金融结构。但它代表的是中国在数字空间的金融主权定位,是国家对大数据金融体系的一次预演。它很可能是未来AI经济、机器交易、跨国链上贸易的基础货币接口。

它甚至预设了一个场景:当传统金融体系出现问题时,数字人民币可作为备用支付系统救急。

11.2 技术架构:从双层运营体系到智能管控

数字人民币的核心技术优势是什么?它能否支撑起中国在全球货币格局中实现"另立一派"的目标?

要回答这个问题,我们必须从最底层看起。

数字人民币采用的是"央行—商业银行/其他运营机构"的双层运营体系,央行负责货币的发行与回收,主导宏观调控;授权的商业银行、支付机构(如银行、支付宝、微信支付等)则负责面向公众的流通和分发。

这种设计使央行无须直接服务用户,但保留对货币流通的调控权和清算权。

数字人民币的特点如下。

(1)可控匿名:谁能看见你的钱包?

很多人听到"匿名"就联想到隐私,听到"可控"就想到监管。但数字人民币的可控匿名技术,是一套"分层加密+额度限制+机构授权"的组合拳。

举个例子：你用手机号注册了一个弱实名钱包，交易额度不高时，系统并不强制要求你绑定真实身份信息；当你的交易金额累计超过某个阈值时，就会触发"实名提醒"，要求你绑定银行卡或身份证信息；如果检测到异常交易行为，系统会自动冻结部分可疑交易额度，而不是冻结整个钱包。这种机制基于交易行为特征进行风控管理，而非仅依赖身份信息。

（2）离线支付：无网无电环境下的支付能力。

你是否想过，如果手机没有网络，甚至没电了，还能不能付款？数字人民币给出的答案是：能。

数字人民币采用的是双离线支付技术：两部设备（如手机或智能手表）各自储存部分加密信息，即便没有网络，也能完成数据交换；当任一设备重联网络，系统就能自动同步交易数据并完成清算。

数字人民币的这种双离线支付主要依赖以下技术基础。

·近场通信（NFC）：短距离无线传输交易数据。

·本地加密与硬件防护：通过安全芯片（SE）存储密钥。

·防重复支付机制：确保同一笔交易数据不可重复使用。

这意味着在电力或网络不稳定的地区（如偏远山区、地下空间、灾害应急点），数字人民币依然可以正常支付。

（3）智能合约：从支付货币到政策工具。

传统货币主要作为交易媒介，而数字人民币可以通过智能合约承载特定规则指令。

以财政补贴场景为例：某地财政厅向农民发放春耕补贴，但要求资金只能用来购买农资，必须在90天内使用，且只限在本县范围内使用。在传统银行体系中，这要发布纸质通知文件，并依赖人工核查与审计；而数字人民币通过智能合约嵌入规则代码，可自动执行资金流向限制与时效管理。

示例代码如下。

```
if (spender != authorizedVendor) revert();
if (now > expiryDate) revert();
if (region(spender) != region(user) revert();
```

数字人民币支持的不是以太坊式完全开放的合约系统，它是一种"许可型合约容器"：所有智能合约都要在白名单中登记；合约执行均须通过政府或授权运营机构签名认证，并保留政府/运营机构签名；具备"撤销权"与"暂停权"。

从双层运营体系到可控匿名，从离线支付到智能合约，数字人民币的核心设计目标是建立一套具备独立运作能力、跨境应用潜力、智能风控与精准治理能力的金融基础设施。

11.3 技术差异与协同场景

王道者，制四海而不失其序；霸道者，应万变而不离其宗。数字人民币是王道，稳定币是霸道。前者类似精心设计的城市道路系统，配备红绿灯及交通规则，以构建井然有序的交通环境；后者更像一条正在开荒的贸易驿道，靠民间驿站和商人协作维系。在技术上，两者的区别极大，如表11-1所示。

表 11-1 数字人民币与稳定币的区别

指标	数字人民币	稳定币
发起主体	国家央行	商业组织或去中心化组织
架构模式	中心化（双层运营）	去中心化（链上自运行）
底层技术	混合架构（中心化账本＋区块技术辅助）	公有区块链（如以太坊、Solana）
合约权限	央行管控	开源代码，社区自治
信用基础	国家主权信用，无抵押	法币/加密资产抵押或算法调控

数字主权货币——如数字美元、数字人民币等，适用于财政、税收、基础结算、民生补贴等领域；稳定币——如USDC、DAI等，适用于DeFi合约、国际结算、商业抵押与链上金融服务等场景。

主权数字货币负责"确权"，稳定币负责"流动"，二者可以协同应用。

数字人民币和稳定币之间的协同场景如下。

（1）跨境支付场景：数字人民币通过mBridge（多边央行数字货币桥）系统完成国家间清算，稳定币则可在链上完成具体的点对点支付、结算与履约。定价用数字人民币，支付用稳定币；后台用数字人民币与稳定币进行"原子互换"，这就形成了一个互补的支付循环。

（2）链上合约交易：数字人民币可能并不适用于所有链上交易场景，而稳定币能无缝接入DeFi世界。如果未来允许企业通过合规网关用数字人民币兑换稳定币，那么合约执行、抵押融资等都可以在链上完成。

未来，货币或许会成为"多元组合的支付矩阵"，而中国已经在用数字人民币来构建这个"矩阵"的"主心骨"。

第12章 稳定币的监管与治理

如何监管跨境流通的虚拟货币？如何治理基于区块链的智能合约？稳定币的出现迫使全球监管机构重新审视一个问题：货币的发行权、调控权、监管权，究竟应归谁所有？

针对这个问题，不同国家有不同的回答。

美国选择将稳定币纳入现有金融监管框架；欧盟尝试通过《加密资产市场监管法案》（简称"MiCA法案"）建立统一规则；中国推行数字人民币，以求强化法定货币地位；而多数发展中国家只能追在稳定币之后"补课"，试图探索出适合自己的监管路径。

稳定币不仅是技术创新，更是对传统金融治理模式的挑战。率先实现监管效力与市场自由度平衡的经济体，或许能在数字金融领域获得更强的规则制定能力。

12.1 "长臂管辖"的美国：无处不在的"影子帝国"

传统金融时代，国家的边界通常是法律的边界，法国的法律管不到芝加哥，巴西的法官不会审判德国的银行家。但在稳定币领域，边界被区块链重构。在链上，没有"国外"，也没有"边境"，链上活动涉及全球节点、密钥地址及交易协议。

美国靠"长臂管辖"，在此领域建立了高度体系化的监管能力。

"长臂管辖"（Long-arm Jurisdiction）是美国民事诉讼中的一个概念，指美国法院可以对住所不在其司法辖区（如外州或外国）的被告行使管辖权的一种法律原则。只要被告与美国法院所在地存在"最低限度的联系"，美国法院即可对该被告行使属人管辖权，无论其身处何地。

美国基于法律、美元结算体系及技术基础设施（如服务器），将其监管范围扩展至全球链上活动。

如果你的稳定币项目使用了亚马逊云服务（AWS），那你就使用了美国的云平台；如果你用稳定币与美国人交易，你就服务了美国居民；如果你的项目使用了美元结算，你就使用了美元的清算渠道……这些行为都可以让你的稳定币项目被纳入美国的"监管矩阵"。

2024年，比特币专用钱包Samourai Wallet被指控协助洗钱，涉及超20亿美元非法交易。其创始人兼CEO Rodriguez及CTO Hill被逮捕，即便他们称Samourai Wallet的开发旨在保护用户隐私，仍难逃法律制裁。

还有币安创始人赵长鹏，因币安平台未能实施有效的反洗钱措施而受到美国司法部的指控，不仅被判监禁，还支付了几十亿美元的罚款。

美国监管逻辑明确：稳定币可在全球运行，但若涉及美元交易，须服从其司法要求，若存在挑战美元体系、规避反洗钱监管等行为，将面临制裁或诉讼。

这种"法律+技术+货币"的复合监管机制，实质是要求链上金融活动在美元框架内合规创新。未纳入该体系的稳定币（如受制裁国家关联项目）将面临全球流通限制。

12.2　全球监管的差异化

不同国家和地区对稳定币的监管态度有显著差异：部分地区鼓励创新，部分区域严格禁止，还有部分处于观望状态。稳定币需在不同法域中寻求合规路径。

以下便是当前主要国家和地区对稳定币的监管态度。

（1）美国：合规监管下的有限自由。

美国对稳定币的态度很微妙：既鼓励创新，又层层设限。任何稳定币项目都可以在美国实验性地发行稳定币，但不能对美元体系产生干扰。于是，USDC、Paxos这类"白名单稳定币"诞生了，稳定币在某种程度上已经成为"数字美元"的附庸。

（2）中国：主权数字货币唯一合法地位。

中国明确规定数字人民币为唯一法定数字货币，包括稳定币在内的加密货币目前在中国被禁止流通。

（3）欧洲：在法律的面包上抹一点技术的黄油。

针对稳定币，欧洲试图在监管与自由之间找到平衡。

MiCA法案是欧洲推出的稳定币法规体系。欧洲对待稳定币的态度很清楚：可以发币，但请守规矩。MiCA法案明确要求稳定币的发行方须满足

100%储备、流动性管理和定期审计等条件。

（4）新加坡与阿联酋：创新试验田。

新加坡通过监管沙盒允许稳定币项目在一定范围内进行测试，但企业须满足储备透明和反洗钱要求。阿布扎比酋长国的阿布扎比金融自由区（ADGM）引入了全面的数字资产监管框架，积极推动稳定币和RWA的合规化发展。

（5）新兴市场：被动接纳与替代需求。

在阿根廷、尼日利亚等高通胀国家，有些民众将稳定币（如USDT）作为法币替代品用于日常支付和储蓄。当地监管机构因技术限制及法规模糊，难以对稳定币等虚拟货币进行有效管控，由此形成了部分非正规流通体系。

12.3　智能合约的责任归属困境

"我们只写代码"是智能合约开发者常见的立场，也折射出去中心化金融的矛盾。

这句口号曾一度被有些从业者视为"去中心化正义"的象征，他们试图通过代码构建无须人为干预的自动执行体系，但现实中，一旦智能合约出现漏洞导致资产损失，去中心化往往意味着责任主体缺失。

在传统金融中，银行、证监会等机构需为系统性风险担责；而智能合约的责任却分散于代码作者、节点运营商、代币持有者等多方。一旦真的遇到风险，每一方都会为自己开脱：

代码作者说"我只是开源贡献者，我没有主权"；项目方说"社区决策由成员投票，我没有控制权"；节点运营商说"我只提供技术支持，其他皆不知情"；代币持有人说"我虽然参与投票，但没有强制其执行的权力"。

很多人以为区块链能解决信任问题，但没想到，它也制造了责任归属困境。

典型案例是2025年，国产AI大模型DeepSeek爆火，引发广泛关注。在此热度之下，市面上出现了一些假的DeepSeek代币，并在去中心化交易所流行。在DeepSeek官方澄清"从未发行任何虚拟货币"当天，部分冒名的DeepSeek代币价格迅速"清零"。

技术创新不应成为责任豁免的理由，自由须以承担责任为前提，否则将动摇金融信任根基。

第13章 RWA 和稳定币

1848年1月,一位木匠从加州的河里翻出几块金黄色的金属碎片,引发了人类历史上最狂热的淘金潮。而与金矿同时诞生的,是银行,是信用,是现代意义上的资产负债表。

人们通过存金子、开证明,形成早期资产凭证。这可以看作RWA的前身,只是当时未用此术语。

今天,我们将纸面证明换为代码,金库换为区块链,核心问题未曾改变:信用从何而来?

13.1 RWA 的兴起:连接实体与数字经济的桥梁

区块链诞生之初,很多人倍感兴奋,去中心化、无须许可、匿名流转和分布式账本都被视为改变未来的技术突破。

但很快,人们发现链上资产大多属于"圈内产品",即一种币产生另一种币，一个链衍生更多的链。DeFi里上演的不是真实融资，而是抵押ETH以借出DAI，再拿DAI去挖矿。这反映了区块链体系的"空气化"困境：链上资金往往只用于兑换另一种链上货币。

于是，RWA应运而生。它不是一个新概念，而是一种回归：链上合约锚定链下实体，每一枚虚拟货币都对应相应的实际资产。

我们可以把RWA理解为现实资产权利的链上表达：它可以是房产所有权，也可以是一笔应收账款；可以是一部分美国国债，也可以是一份铜矿租约。关键在于要把现实中那些能产生现金流或资产价值的资产数字化、标准化，并让其能在链上流动。

这像不像当年的金本位？像；这像不像股票证券化？也像。但RWA并非简单重复，而是更深层次的尝试：用密码技术取代传统信托，用智能合约代替中介裁判，用区块链确保资产凭证不可篡改。

但RWA的意义不止于将资产"搬上链"，而是试图重写"资产"的定义：资产通过代币登记，Oracle喂价决定交易价格，资产所有权可通过NFT转移，收益可通过收益合约自动分配，清算可自动触发。

RWA之所以成为区块链世界的新焦点，不是因为它新，而是因为它真实。虚拟货币要想持续发展，就必须锚定现实资产。

13.2 RWA的技术路径与资产映射

如果你问传统金融从业者："你觉得RWA是什么？"

他大概率会回答："就是把现实资产上链，'Tokenization'（代币化）。"

这个回答只对了一半。

资产上链从来不是"传个PDF合同到IPFS"这么简单，它的真正目标是将现实资产的价值流动机制——从确权到交易的全生命周期——转化为可编程、可验证的链上系统。

这需要完成如下"三重映射"。

（1）资产确权。

现实资产不可能直接存入区块链——毕竟不可能把一栋楼扫描进ETH区块。那怎么办？要先进行资产确权：现实资产登记在谁名下？归属权有没有争议？有没有被抵押？有没有违建？先确认资产没有争议和风险，然后通过特定公司或信托机构生成链上代币凭证，这样的链上资产才会被其他人承认。

（2）资产标准化。

一块地可以分成几份？收益如何分配？风险怎么计算？在传统金融里，这类资产证券化工作是由相应监管方、发起机构、登记机构等协作完成的，如把房租收入打包，变成住房抵押贷款证券（RMBS）。但在链上，这些工作都由智能合约自动处理。

（3）资产映射。

当完成资产确权与标准化后，最后一步就是把这些法律与金融结构映射为链上的数据凭证：Token。

Token通常包括以下字段。

①Token ID：资产唯一编号。

②元数据：链接法律凭证，如KYC（用户身份验证）文件等。

③权益说明：你拥有的是收益权、所有权还是优先权？

④解锁机制：能否转让？是否需要许可？

⑤风险披露：是否存在流动性风险、抵押率变动风险？

这一层的技术难点在于：要用智能合约明确表达一个法律合同的核心条款与执行条件。

RWA真正的复杂之处在于它需要两种代码：一种是给人类看的，即法律合同；另一种是给机器看的，即智能合约。

举个例子：如果你想把一栋商用大楼代币化，需要经过以下流程。

①先注册一个SPV（特殊目的载体/公司），明确资产持有主体。

②完成资产评估、抵押登记。

③拟定法律合同，明确代币权益，如"此Token代表该楼5%的收益权，每季度派息"。

④把合同条款写入智能合约。

⑤在智能合约中设定派息逻辑、权限控制、转账约束。

⑥生成Token，并允许其在特定钱包之间转移。

这个过程需要律师、开发者、审计方等共同确保法律合同与智能合约条款的一致性。

13.3 资产上链的三大核心要求

现实资产上链需满足如下三大核心要求。

（1）法律合规要求。

资产所有权的合法性是首要问题：SPV是否按规定注册？是否获得监管许可？在中国香港、新加坡等法域，资产上链必须有明确法律框架支撑，否则权益将毫无保障。

（2）金融审计要求。

即使资产本身没问题，也必须关注资产真实性问题：该资产有没有被重复抵押？估值是否合理？风险有没有充分披露？这就涉及金融审计机制。目前多数RWA项目缺乏统一的审计标准，一旦发生挤兑，就可能引发系统信任危机。

（3）身份认证与合规许可要求。

反洗钱、用户身份验证及监管备案是接入传统金融体系的必要条件。

今天的RWA项目，哪怕是去中心化的，也必须满足这些要求，否则就无法接入美元清算系统，无法合法融资，甚至被视为"非法证券发行"。

这正是区块链技术与现实之间的矛盾：技术上可以实现"全球无门槛"转账，但实际应用中必须遵循属地监管原则。

例如，你可以构建全球流通的代币化债券系统，但如果未在SEC注册、未在中国香港证监会报备、未通过反洗钱审查，那么非常抱歉，你的Token依然是"非法产品"。

目前主流RWA项目构建信任的方式有如下三种。

（1）机构信用。

USDC依靠金融机构的信用背书，通过定期审计披露储备资产，并接受美国FinCEN、NYDFS等机构监管。

优点：机构公信力强、合规路径清晰。

缺点：中心化特征明显、抗监管干预能力弱、链上自由度低。

（2）合约自治。

MakerDAO的RWA Vaults完全通过链上机制保障信任：所有新增RWA资产需经治理投票批准；风险参数（如抵押率、预期收益）在链上公开可查；风险由社区共担，清算机制透明。

优点：系统透明、去中心化特征显著。

缺点：前期开发成本高、运营复杂、对外部信任机构存在依赖。

（3）混合信任。

Centrifuge、Maple等项目既保留合约自治机制，又引入现实金融结构增强信用。例如：由专业托管机构持有底层资产，同时由第三方机构进行链下审计。

未来的信任结构,需要多方协同实现:法律框架明确资产权属,金融机构评估风险;技术系统保障合约执行,社区治理确保参数透明。

只有当这四个维度形成闭环时,RWA才能建立可持续的信任基础。未来的RWA模式不是追求彻底的去中心化,而是法律框架、智能合约、流动性机制和社区治理的多维协同。

13.4 如何将现实资产"搬上链"?

2020年,MakerDAO尝试将现实资产代币化,把RWA"搬上链",推动了RWA在去中心化金融体系中的应用与发展。

假设我们现在需要将应收账款债权代币化,具体操作过程如下。

先与供应链融资平台(如Centrifuge)合作,将企业的应收账款(如A公司欠B公司的100万元债务)转化为链上代币,再将此代币抵押至MakerDAO系统,铸造稳定币DAI进入流通。

以下简化代码展示了RWA的核心逻辑。

```solidity
mapping (uint => Invoice) public invoices;
function tokenize(uint _invoiceId) public {
    require(isVerified(_invoiceId));
    uint tokenAmount = invoices[_invoiceId].value;
    _mint(msg.sender, tokenAmount);
}
```

此技术架构可视为RWA的链上认证节点:资产经法律确权与代码验证后,方可转化为代币。

但这条路径并不平坦。现实资产复杂性远高于虚拟货币,每份合约都存在法律不确定性,这种不确定性使RWA存在技术与制度瓶颈:谁来认证资产？链上Token与链下资产能否一一对应？法律是否承认合约链的转移？一旦发生违约，法院是认可智能合约认定的资产所有权还是只承认纸面合同？

为解决这些问题，Centrifuge等平台试图创建一种"SPV风险隔离+链上代币化"的结构：将现实资产打包并转移至SPV，用于资产证券化，同时明确权属与违约责任；链上基于SPV发行Token作为抵押品，接入稳定币系统（如DAI）释放流动性。

这是一种"以现实担保链上"的信用模型，Token不再直接代表单一资产，而是代表了一个受法律约束、可执行清算的资产集合。这本质是将传统资产证券化的逻辑迁移至链上。

13.5　无处不在的链上资产

RWA的价值不仅体现在大型资产的代币化上，事实上，RWA最具颠覆性的部分，恰恰在于激活海量小微资产。例如，碳排放额度可以变成绿色债券上链发行，一家小农场的未来收成可成为农业稳定币贷款的抵押物，老旧社区的改造合约可转化为城市更新代币的底层资产……

现实变数据、数据变资产、资产变货币的转化链条，本质是区块链技术对实体经济的深度重构。

传统金融教科书里的资产通常是"高大上"的，如债券、基金、REITs（不动产投资信托基金）等。但在RWA的语境里，资产可以是油烟机、马路边的广告牌……你可能无法想象，以下这些也可以借助RWA成为"链上资产"。

（1）自动贩卖机的销售数据：连锁品牌通过物联网传感器实时采集全

国范围内自动贩卖机的销售数据，生成可验证的现金流预测模型，然后据此发行"运营收益凭证"进行融资。

（2）一个短视频账号的未来广告收入权：某位抖音达人可以把他未来一年与某品牌的广告合作合同转换成NFT凭证作为抵押来获取稳定币。

（3）一家健身房的年卡合约：将所有年卡数据、客户出勤数据在链上记录，形成收入预测模型，作为稳定币抵押池的补充资产。

（4）某品牌共享单车的区域营收：运营方可以将特定区域的共享单车骑行数据和收入数据映射为链上的"微资产"。

（5）一家培训机构寒假课程的合同收入：培训机构可以将家长预付学费、课程合同转化为短期收益凭证，平台据此发行"教育RWA凭证"，供资金方认购。

……

我们生活的每一个角落，都在悄悄"金融化"。一条视频、一个充电桩、一台空调，都可能转化为链上的数字资产。

13.6 RWA可能引发的系统性风险

RWA的核心价值在于将现实资产数字化、碎片化与可编程化，转化为链上可交易的代币。然而，它也存在一定的风险。

（1）流动性错配：资产期限与赎回需求的冲突。

金融体系的经典困境在RWA领域重现。你发行一个基于写字楼租金收入的RWA稳定币，它看上去很稳定：租金按年结算，现金流有保障。但你的稳定币可以随时被用户赎回，一旦大量用户同时要求兑付，那写字楼就只能被迫折价出售，导致稳定币脱锚。

链上资产流动性≠现实资产流动性。

（2）估值泡影：非标资产定价的脆弱性。

现实资产缺乏链上资产的实时定价市场：一个新能源电站的剩余电力值多少钱？一间农村空置民房价格如何评估？一首歌曲的版权如何换算成USDC？对现实资产的评估依赖模型估值与第三方评估，但模型假设易受市场预期扭曲，一旦经济环境突变，估值泡沫即刻破裂。

RWA的稳定性取决于底层资产质量，而非代币化技术。

（3）挤兑：合约的公正，不等于市场的仁慈。

即便资产真实、估值合理，RWA项目仍面临链上挤兑的致命威胁。

RWA面对的不是一个理性市场，而是一群可能"突然恐慌"的匿名持币者。这些恐慌的持币者只需要调用一行代码就可以立即触发清算，使流动性池瞬间崩溃。

算法没有怜悯，链上没有温情。所以，在设计RWA时，不仅要考虑资产安全，更要设置流动性缓冲池（如部分储备金覆盖短期赎回）、分级赎回机制（大额赎回延时处理）、链上链下风险隔离，避免"资产火线抛售→价格螺旋下跌"的死亡循环。

第14章 DeFi 和稳定币

14.1 没有稳定币,就没有 DeFi 的今天

在任何一个文明的金融崛起之初,总有一个隐形却不可或缺的角色:价值尺度。

中国春秋战国时期,"布币"形如铲,从青铜农具演变而来;"刀币"状如刀,保留了刀的特征。直至汉武帝统一铸造"五铢钱",大一统帝国的货币体系才逐渐规范。

没有统一币制,便不利于国家秩序稳定;缺乏标准化价值载体,便难以实现大规模信用交换——这一定律同样适用于区块链领域。

稳定币,便是链上文明的"五铢钱"。

在 DeFi 生态中,稳定币承担着传统金融中"价值尺度"的职能。

以 Uniswap 为例,其自动做市商(AMM)机制依赖稳定币作为定价基准。若无 USDC 或 DAI 锚定价值,ETH 的涨跌便会失去参照。

在MakerDAO的体系里，DAI是抵押资产的清算媒介（如用户抵押ETH生成DAI以参与治理投票），也是跨协议结算的通用单位。这与五铢钱在统一帝国财税中的功能异曲同工。

更进一步来看，DeFi中大多数协议，如Aave、Compound、Sushi、Curve，虽由代码驱动，实则构建了一整套算法金融秩序，而稳定币是它们的"法币账户单位"，也是"最终清算媒介"。

在这些协议中，稳定币扮演着如下三重角色。

（1）记账单位。稳定币用来计量ETH的价格、借贷利率及治理代币的激励额度。

（2）交换媒介。几乎所有借贷和交易最终都通过USDC、DAI、USDT实现。

（3）价值储藏。当市场动荡时，稳定币可以充当避险资产。

稳定币之于DeFi，犹如地基之于高楼。没有它，你可以建造简易的木屋、草棚，但想要建造摩天大厦，却几乎不可能。

传统金融活动需要两样东西：一是契约，二是中介。可到了DeFi世界，契约由智能合约执行，中介被算法取代。

在这套自动化的金融系统中，稳定币不仅是交易媒介，更是智能合约可直接调用的价值单位，是脚本中精确的"财产表达式"。

我们换一种说法来理解：如果说以太坊是一个"全球计算机"，那么稳定币就是其系统中可以读写的标准化资产参数——既是信息，又是资产；既可流通，又能嵌套于算法之中。

我们来设想一个简单的场景：某DeFi协议要求用户抵押资产（如ETH）时，如果系统实时抵押率≥150%则铸造DAI，否则拒绝交易。其核心逻辑的简化代码如下。

```
if (ETH_Price  Collateral_Amount / DAI_Minted >= 1.5) {
    mintDAI(msg.sender, amount);
```

```
} else {
    revert("Collateral ratio too low");
}
```

稳定币的革命性在于其机器可读写的确定性：价值是稳定的（如1枚稳定币锚定1美元），输入输出是可靠的，可编程、可验证、可追溯。

如果说比特币是去中心化的"数字黄金"，那么稳定币就是理性的"代码美元"。稳定币正在逐渐成为DeFi合约的"语法基准"。

14.2 去中心化的区块链"央行"

在讲述区块链金融的演进时，MakerDAO是无法绕开的名字。它既是一个去中心化稳定币项目，也是一次对链上央行机制的制度性探索。

要介绍MakerDAO，我们有必要先介绍一下DAI。

不同于USDC、USDT等中心化稳定币"1∶1兑换"的模式，DAI是一种基于抵押的借贷型稳定币。用户并非用法币兑换DAI，而是通过抵押资产（如ETH）"借贷"一定数量的DAI。抵押资产被锁定于链上，待用户偿还DAI后才能取回。

DAI的本质是算法约束的借贷凭证，而非中心化机构发行的"法币代币"。

可这种模式真正运行后，却暴露出一个残酷的现实：自由金融的美梦，很容易被市场的波动打碎。

为什么？

因为链上资产的波动性太大了。

ETH可以从3 000美元跌至1 500美元，WBTC可以在几天内暴跌40%。这种巨幅波动意味着抵押稳定币的锚定根本无法维持。若抵押率过高，用户借币成本上升，DAI的流动性就会萎缩；若抵押率过低，稳定币的脱锚风险将急剧增加；而价格预言机一旦被攻击，整个系统可能瞬间崩溃。

于是，MakerDAO不得不引入越来越多的风险缓冲机制。

（1）超额抵押：抵押率维持在150%以上。

（2）清算罚金：强制清算时收取13%的罚金，抑制恶意杠杆。

（3）DAI存款利率调节机制：通过利率调节市场对DAI的需求。

（4）现实资产抵押：允许将美债、发票等传统资产作为抵押，降低波动。

随着RWA的引入，一部分极端理想主义者开始反对MakerDAO的发展方向。货币到底是锚定资产的"索引"，还是锚定信任的"表达"？MakerDAO社区因此出现分裂：实用派主张接纳现实、扩大系统影响力；保守派则坚守去中心化原则。

这种对立，也揭示出DeFi发展的矛盾：平台做得越大，越要受现实规则的制约；越坚持去中心化，就越难被主流金融世界接纳。

尽管存在争议，DAI已经成功实现常年维持1美元的锚定、拥有50多亿美元的市值，并被上百个DeFi协议集成。在链上货币系统尚处于实验阶段的今天，这几乎已是一种"神话"。

或许有一天，人们回顾加密文明的早期历史时，会发现：DAI的价值不仅在于技术实现，更在于验证了"算法治理货币"的可能路径。

14.3 稳定币如何嵌入 DeFi 金融机制？

在历史上，货币铸造从来不是一件简单的事。它不是简单的"技术活儿"，而是需要政治、法律、财政与军事力量共同支撑的系统工程。

春秋时期，齐桓公曾尝试在更大范围内推行"刀币"，但未能成功，部分原因在于缺乏强有力的军事和经济基础支撑；而秦始皇统一六国后，迅速推行"半两钱"，并辅以统一的度量衡、严格的商业监管和严苛的法律，才成功确立了全国流通的货币体系。

如今在DeFi生态中，代码正在重构类似的货币逻辑，而稳定币正是这套新型算法货币体系的核心媒介。

在MakerDAO、Aave、Compound等协议中，稳定币的生成往往依赖于抵押。ETH、WBTC、STETH都可以作为"金库资产"换取DAI、GHO等稳定币。你抵押1万美元的ETH，系统可能只贷给你7 000美元的DAI。为什么不能1∶1兑换？因为系统知道，ETH会涨也会跌，保险起见，它必须"超额抵押"，这类似于古代钱庄必须有充足的白银储备，才敢发行相应数额的银票。

这个过程不依赖物理印刷，而是由智能合约根据规则自动执行。

这就引出一个问题：你钱包中的DAI，不是你拥有它，而是你向系统"赊借"的。这让整个稳定币系统像极了一家"算法银行"：一旦用户将资产进行抵押，便依据预设的智能合约自动铸造相应数量的稳定币。

以MakerDAO为例，其铸币示例代码如下。

```
function generateDai(address vault, uint amount) public
{
    require(collateralRatio(vault) >= 150%,
Undercollateralized);
    dai.mint(msg.sender, amount);
}
```

这段合约的逻辑简洁：铸币的前提是抵押率大于等于150%，否则不允许铸币。这是链上协议层面的"货币纪律"。

当市场剧烈波动，如ETH价格大跌导致抵押品价值跌破安全线时，就会自助触发清算：系统将用户的抵押品拍卖，所得资产首先用于偿还欠款，若有剩余将退还用户；若资金不足以偿还欠款，用户将面临"爆仓"风险。整个过程完全由智能合约自动执行，无须警察、法院或律师介入。

在借贷协议中，稳定币往往扮演着多重角色：

・借款单位：用户抵押ETH，借出USDC等稳定币。

・计价单位：系统的清算阈值、利率、收益等都以稳定币为基准计算。

・系统债务指标：如MakerDAO的"债务上限"（Debt Ceiling）限制着整个系统能生成的DAI总量。

・套利媒介：套利者用稳定币在各协议之间套利交易，促使市场形成流动性。

・预期锚点：用户的信任和使用习惯决定着DAI等稳定币能否保持其与美元（或其他锚定物）的锚定。

然而，这种多重身份，也伴随着潜在的系统性风险。

想象这样一个场景：市场突发恐慌，ETH价格暴跌，触发大量清算，导致DAI被集中抛售；链上清算机制无法及时处理如此大规模的抛售，DAI价格失稳；用户为避险纷纷将持有的DAI兑换成其他稳定币（如USDC），导致提供兑换服务的Curve等流动性池耗尽；恐慌蔓延至Aave、Compound等协议，引发挤兑；去中心化交易所上的交易对价格失衡，最终可能导致DeFi崩盘。

DeFi虽然是去中心化的，但其风险仍然"网络中心化"——一个稳定币暴露出风险，整个DeFi生态都可能受到影响。这就衍生出一个重要的问题：一个靠抵押创造货币的系统，是否永远需要依赖抵押品价格的持续上涨才能维持稳定？

14.4 "DeFi+稳定币"是金融的重构

稳定币与DeFi的结合,就像"资本"与"秩序"的结合。稳定币为DeFi提供了一个稳定的度量体系,DeFi则为稳定币开辟了广阔的、充满创新的应用空间。

一个是"货币的再造者",一个是"金融的重构者",两者相互依存、互为支撑,也互相掣肘。

当然,潜在的危机同样存在:预言机数据失真风险、清算机制的连锁反应、跨链桥的安全漏洞、算法稳定币的信任危机……这些都提醒我们:这项金融创新工程尚未完成,距离成熟还有很长一段路要走。

但我们也必须明白:正是因为存在这些风险,治理机制、制度框架和技术基础的重要性才得以凸显。这场金融的"去中心化变革"并不是要摧毁旧体系,而是借助既有的金融基础设施,重建一个更透明、更包容、更高效的金融秩序。

我们每一次点击钱包、授权交易、调整抵押比例,实际上都是在参与这场新秩序的构建。

稳定币是秤砣,DeFi是市场,区块链是规则,而我们,既是变革的见证者,又是参与者。

第15章 全球企业争夺加密世界"圣杯"

如果说加密货币是对传统金融体系的革新，那么稳定币就是连接加密世界与现实经济的关键桥梁，也是构建全球数字金融新秩序的核心要素。

稳定币既不像比特币那样追求完全的去中心化，也不像法币那样依赖中央银行信用、受到严格的监管，它兼具加密资产的效率与法币的价格稳定性，成为链上交易、跨境支付和虚拟资产的统一计价单位。

稳定币通过资产抵押或算法调控等特定机制在区块链上维持价值稳定。这种特性使稳定币成为数字经济的"基础设施货币"，它就像罗马帝国的金币、布雷顿森林体系的美元，在数字时代扮演关键的锚定角色。

谁能主导稳定币的发展，谁就可能在未来的全球清算网络中占据优势地位。因此，银行、科技巨头、交易所乃至国家纷纷布局稳定币领域，展开了一场关乎未来金融话语权的竞争。

15.1 稳定币：重塑数字经济的关键基础设施

稳定币的核心价值在于解决实际经济需求，而非技术噱头。

历史上，人类为维护货币体系稳定，曾建立金本位、布雷顿森林体系等制度，并依托美联储、SWIFT等维持秩序。这些工具和机构，都是文明对自身秩序的"上锁"——旨在防止未来走向失控。

之后，区块链技术横空出世，撬动了这把"锁"，动摇了传统金融基础设施的根基：比特币向货币发行权的垄断发起了挑战，而稳定币则试图用可编程的信用机制重构全球清算网络。其意义不仅在于技术创新，更在于对金融效率与包容性的提升。

比特币因其价格波动性，难以承担日常支付职能；稳定币则凭借其稳定性，天然适合作为链上清算、跨境支付、税收征管和资金流动的媒介。它并非想要直接取代银行，而是提供一种更高效的替代方案。

因此，稳定币迅速吸引了如下市场参与者。

（1）传统金融机构（银行）。

银行深谙货币清算权的价值。摩根大通推出名为JPM Coin的存款代币，希望在私有网络中实现美元的高效流转；瑞穗银行、渣打银行、新加坡星展银行（DBS）、新加坡金融管理局等机构都不再满足于托管别人的数字货币，而希望拥有一套自己的"链上货币"，力图在数字金融时代保持竞争力。

（2）科技公司。

很多科技公司试图将稳定币融入其生态。Facebook曾想把稳定币和社交网络绑定，推出Libra项目，希望用Libra重构一个"社交货币帝国"，但因监管压力受阻；PayPal推出PYUSD，并接入多链网络，服务于跨境支付；亚马逊、谷歌、阿里巴巴、腾讯都在考虑将稳定币与自己的积分系统、支付系统结合，打造闭环商业生态。

这些科技公司试图用技术改写货币的底层结构，构造出一个去银行化的、平台主权式的"货币宇宙"。

（3）加密交易所。

币安、HTX、OKX、Bybit等交易所发行或广泛支持稳定币（如BUSD、USDT），将其用于交易结算、合约保证金缴纳和跨境资金流动。这些平台凭借用户基础和流动性优势，成为事实上的稳定币流通枢纽。

（4）主权国家与地区。

新加坡允许稳定币合法发行、阿联酋搭建链上清算平台……某些国家不再信任美元，也不信任本币，而是想要直接拥抱"链上中立币"。它们通过立法明确稳定币监管框架，鼓励稳定币的合规发展，希望借此重写货币与主权之间的契约。

稳定币的核心变革在于：其信用并非仅由央行赋予，而是通过链上机制（如智能合约透明清算、足额储备证明）建立信任；其流通不依赖传统代理行网络，而是依靠智能合约实现自动清算。这正是其被喻为加密金融"圣杯"的原因——银行需要它来维持自己的清算主权；企业想借它拓展商业版图；国家想要它是为了在数字货币赛道不被边缘化；黑客使用它可以随时绕过法律与审计；普通用户则以它抵御通胀与支付壁垒。

那么，企业为什么要拥有自己的稳定币？

（1）控制资金流——稳定币即企业的"私有清算网络"，构建私有且高效的资金流网络，可有效降低对传统金融中介的依赖。

（2）掌握用户行为数据——稳定币是金融版的"追踪器"，通过链上交易流可深化对用户金融行为的理解。

（3）降低成本、提升效率——稳定币可将跨境支付成本降低90%以上，结算时间从数天缩短至秒级。

（4）拓展融资与资本市场机会——稳定币是企业上链的金融跳板，可作为企业进入加密金融生态的入口和信用工具。

（5）突破地域金融限制——在合规前提下探索更灵活的全球资金管理方案。

换句话说，稳定币对企业而言不仅是支付手段，更是升级商业模式、参与规则制定的战略资产。它让企业从一个经济活动的执行者，跃升为金融秩序的制定者，这对任何一家企业来说都具有无与伦比的吸引力。

15.2　世界级企业的"铸币梦想"

Facebook推出Libra稳定币项目，意图建立一个覆盖全球用户的新型金融网络，尽管该项目因监管压力夭折，但它揭示了一个关键趋势：如果一个平台拥有足够数量的用户，理论上它可以绕开银行系统，建立自己的数字支付体系。

我们不妨看看在这条"发币之路"上，都有哪些"玩家"正在悄悄布阵。

苹果公司（Apple Inc.）有全球最强的用户终端（iPhone）、支付系统（Apple Pay）、应用商店（App Store）。如果它发币，那么每一部手机就是一个钱包，每一笔支付、交易都可以在自己的体系里完成。苹果公司的全球用户数量与信用卡绑定率是银行级别的，2024年其申请"可编程支付工具"专利的举措被外界猜测是为稳定币或数字钱包做准备。

亚马逊早在十年前就尝试发行亚马逊币（Amazon Coins）用于平台结算，当前则重点探索将稳定币用于跨境供应商结算，并考虑将"买家信用"和"商户贷款"两大系统打通，以构建自己的闭环供应链金融体系。

腾讯则在微信生态中早早为"闭环货币"的构建奠定了基础，从早期的Q币、理财通到微信支付分，形成了覆盖虚拟消费、资产管理和信用评估的完整链条。未来，稳定币可能是它逻辑上的终点：用户行为数据＋消费场景＋小程序生态＋金融服务＝一枚腾讯元币。

京东科技率先试水企业稳定币，以"区块链仓单＋数字应收账款"的方式，将供应链金融变成一种"币本位交易"——将企业债权转化为可流通的链上凭证，加速供应商资金周转。

蚂蚁集团则更早启动稳定币战略布局，试图构建"数字信任＋支付网络＋小额信贷＋理财服务"的闭环。尽管尚未获得法定稳定币发行资质，其区块链平台蚂蚁链却已通过分布式账本技术实现应收账款通证化，初步形成企业级链上信用流转体系。

与前述企业尝试突破监管框架的策略不同，Circle与Coinbase选择主动拥抱合规监管。它们共同形成了美国合规金融体系的"链上延伸臂"，通过将USDC深度集成至各类DeFi、Web3.0平台，成为链上美元流通的合规通道。在此进程中，Circle与Coinbase已超越单纯的金融科技企业角色，而逐渐成为美国稳定币战略的重要执行者。

中国香港正推进"港元＋离岸人民币"双锚定稳定币HKDG，该项目由中国香港金融管理局与持牌区块链企业协同推进，是"一国两制"框架下金融创新的重要实践。在这个体系中，企业是技术参与者、结算网络的运行者，同时也可参与稳定币发行节点的建设。当然，持牌企业需严格遵循金管局监管要求，且其不涉及央行核心职能。

全球企业都在积极布局稳定币战略，希望在合规框架内抓住参与金融基础设施重构的历史性机遇。其核心动机并非技术实验，而是争夺下一代支付系统主导权——通过降低交易成本、掌控资金流与数据流，在自有生态内实现价值闭环，重构商业生态的金融运行逻辑。

15.3 全球结算变局：稳定币对传统跨境支付体系的影响

人们曾经以为，"跨境结算"是一个很高级的词，只有汇丰银行、花旗银行这些国际金融机构才能参与，而企业只是这些"大航海船队"上的"乘客"，带着货物排队通关。

但稳定币来了。它就像一条悄悄开凿的地道，让企业可以不用经过"海关"，就可以完成交易。它不是取代SWIFT，而是绕开它，使企业获得低成本、高效率的资金流转自主权。

稳定币的核心突破在于重构结算基础设施。相较传统银行体系，稳定币通过区块链技术实现了四大结构性变革。

（1）实时清算：基于分布式账本技术，跨境转账时间从SWIFT的3～7天缩短至分钟级，如USDC跨境交易可在2分钟内完成。

（2）稳定汇率：锚定美元、欧元等主流货币，从而规避币价剧烈波动的影响。

（3）低成本：手续费低至几美分，无须中转行。

（4）不受时间限制：7天×24小时运行，突破传统银行节假日限制。

企业希望实现快速、精准且低成本的运作，不愿被政治博弈与监管摩擦所干扰。这与传统银行的合规与风险控制要求有冲突。

这种冲突反映了数字经济与传统金融体系的天然矛盾。

稳定币破坏的是传统金融的交易节奏。一旦企业都能拥有属于自己的、流通于全世界的稳定币，SWIFT还重要吗？

想象一下：全球前1 000家跨国企业都发行了自己的稳定币，形成全球认可的清算网络——原材料采购、供应链支付、员工发薪、分红派息等都可以用自己发行的稳定币完成。这时候，它们还需要跨境支付系统吗？

15.4 稳定币是金融权力的嵌套容器

一枚稳定币可以用来支付员工工资、进行供应链结算，也可成为平台贷款的"基础货币"。例如，亚马逊曾允许商家用亚马逊币支付广告费用、采购原料，并将其嵌入贷款体系；腾讯等科技平台通过其生态内的支付工具，可让小程序商家形成内部支付与借贷环路。这不是"财务效率提升"，而是加强对商业生态的控制。

稳定币作为特殊的加密货币，其功能和角色正在不断发生转变。

（1）从结算到金融。稳定币的可编程性让它具备多种功能，如发放收益分红（给持币用户发放利息）、储蓄（作为储值账户）、清算（跨境应收账款清算）、自动扣除手续费或平台费用等。很多金融活动都可以嵌入稳定币合约，形成"链上金融隧道"。

（2）从用户工具到资本市场。稳定币也是数据采集工具。每一个支付动作、每一次钱包迁移、每一笔资产流动，都将沉淀为企业的链上数据资产。这些数据可被应用于构建用户信用评级体系（辅助推广金融产品）、企业估值模型（助力融资）以及为投资者提供透明账户信息（为未来可能发行证券型代币做铺垫）。

综上所述，稳定币＝支付＋借贷＋理财＋融资＋交易＋清算＋风控。它不是一个孤立的点，而是一个自成一体的闭环。今天的企业不再满足于只做传统金融系统的"齿轮"，它们想成为自有系统的"中枢"。

稳定币不只是企业的工具，更是企业试图重新定义局部经济规则的信号。谁先拥有，谁就可以先设定规则；谁先设定规则，谁就可能成为未来的赢家。

想象一下：一个视频平台每天产生数十亿次点击；一款游戏拥有上千万日活跃用户；一个购物平台沉淀了数亿消费者的画像。这些本来只是普通的流量数据。

但当平台引入自己的稳定币后，情况变了：用户打赏时使用平台发行的稳定币；购买商品时默认使用平台自有代币；用户行为均可被打包成交易数据上链，并与用户钱包关联；最终，这些钱包中的"资产"将会成为平台估值与融资的重要支撑。

让我们看两个熟悉的例子。

（1）微信：闭环生态中的"支付即账户"。

目前，微信虽然并未推出自己的官方稳定币，但它其实已经成为"半金融平台"：每一笔支付都沉淀在平台账户；红包、转账、游戏充值等行为构成信贷数据，用以支撑理财通、微粒贷、零钱通等产品。

如果腾讯未来推出稳定币，几乎可以和现有商业生态"无缝连接"：以用户支付行为为锚，以信用积分为担保，发行平台币用于生态内部消费、积分兑换、金融理财、广告竞价……这将是"用户数据银行化"的完整闭环。

（2）TikTok：内容平台的金融转型。

TikTok曾推出Creator Fund、打赏系统、虚拟礼物等。想象一下，如果平台推出一种自有代币，便可以在以下情景中使用：用户用该代币打赏主播；主播提现代币或用于广告投放；合作商户接受该代币作为广告费。所有交易链上透明。这个闭环一旦形成，TikTok就不只是社交平台，而是一个新型数字金融体。

这些例子表明，只要企业拥有了自己的平台稳定币，就不再只是销售商品或提供服务，还可以定义生态内的价值交换规则；用户不仅是消费者，也是平台流动性与数据的来源。

过去，货币被广泛视为国家主权的象征，如今，在区块链和稳定币兴起的背景下，流量的终点正在向钱包、资产转化，未来，货币很可能成为可流转、可积累的金融单位。

当一家企业拥有了10亿用户的链上钱包、100万日活跃用户的支付轨迹、100亿条行为数据，它就不只是普通的企业，而是一个具备特有规则的经济体。如果进一步将这些支付轨迹、行为数据等通过RWA上链，通过DeFi构建金融规则，最后通过跨链技术连接多个类似的系统，就有可能突破传统地理和监管界限，探索新型经济治理模式。

15.5 银行的战略转型：稳定币或成为新战场

许多人认为稳定币是科技公司或加密创业者的舞台，而传统银行如同20世纪末的邮政系统，正被时代抛下。

可是，银行当然也有自己的想法。

2019年2月，一个不算特别热闹的冬天，摩根大通突然宣布推出自己的虚拟货币——JPM Coin。媒体一片哗然：华尔街也入场炒币了？但外界没看懂的是，它并不是炒币，而是希望重写全球结算网络的底层协议。

JPM Coin的野心远比Libra大，只是它从不张扬。它不像USDT那样面向散户发行，而是只为摩根大通的机构客户服务。一个银行账户直接对接一个数字钱包，原本要通过SWIFT花2天时间转账的资金，现在可以在几秒内完成链上清算。

摩根大通只是开始。全球各地的很多银行都开始布局，只是方式不同，如新加坡的星展银行参与Project Guardian试验项目，阿联酋的Zand Bank获得加密货币托管许可，日本初创企业JPYC将发行锚定日元的JDYC、瑞士的Sygnum、英国的渣打银行都在探索加密货币相关服务。

而美国正推进更深刻的变革，将焦点转向银行如何参与稳定币生态建设上，探索监管认可的、可被合规企业持有的"代币化存款"，以满足机构对链上资金管理的需求。

你以为这是链上的"银行革命"？不，这其实是传统金融体系对区块链技术的整合，试图将区块链转化为提升金融效率的工具。

最终，未来的货币版图可能是这样的：央行发行法定数字货币，银行承接数字货币存管与流通服务，大型企业发行合规生态型稳定币，DeFi平台发行算法稳定币与信用稳定币……所有数字货币在链上交汇，银行则承担核心清算职能。

换句话说，银行并没有消失，而是完成了职能迁徙，从"印钞"转向"铸链"。这正反映了金融演进的本质：技术的进步只是改变权力行使的方式，但未改变其内核。

15.6 摩根大通 JPM Coin 的技术账本

摩根大通的JPM Coin到底是什么？

JPM Coin并不是加密货币，它本质上是一种美元存款的数字化凭证。客户将美元存入摩根大通指定账户后，银行以1∶1的比例在区块链上铸造JPM Coin。JPM Coin可以在摩根大通的账户之间自由转账、结算，最终在需要时，持有者可用JPM Coin兑换回美元，链上的JPM Coin被销毁。这一机制的最大亮点是拥有实时的、原子性（交易不可分割完成）的、无须人工对账的支付清算系统。

传统跨境支付体系以SWIFT为核心，沿用了20世纪70年代的"指令中转"模式：付款方发出指令，中转机构逐层传递，收款方核对确认。而摩根大通用"JPM Coin+区块链"的模式打造了一个名为Onyx（后更名为Kinexys）的平台。

Onyx是什么？是摩根大通为数字化资产开发的"私有链网络"。但它并不是去中心化的，恰恰相反，它实际上是中心化金融基础设施的效率升级。它不向全世界开放，而是摩根大通构建的私有许可链网络，仅向通过KYC认证的客户开放节点权限。

Onyx包含以下几个核心组件。

（1）JPM Coin Ledger：一个账本，记录每一笔代币的生成与销毁。

（2）Liink（原名Interbank Information Network）：一个加密的、可验证的跨银行点对点网络，用于替代SWIFT报文。

（3）Confirm：一个身份验证网络，用于在支付前校验收款方账户状态，降低欺诈风险

摩根大通为什么要开发Onyx系统？主要有如下三个目的。

（1）降低结算成本：传统B2B跨境支付业务依赖SWIFT系统，手续费高、流程慢，而区块链内的"Token内转"可实现秒级到账。

（2）掌握流动性数据：在区块链上，每笔交易都可计算、可预测，摩根大通可以利用这些数据来分析企业行为。

（3）定义企业链上金融服务入口：未来的银行可以转型为链上服务平台，谁掌握了企业的稳定币发行权，谁就能成为企业的主要清算枢纽。

这让人想起19世纪的洛希尔家族（又译罗斯柴尔德家族）——他们通过建立一个横跨欧洲的银行网络，为各国政府和王室提供贷款、债券交易和财政支持等服务，掌握了当时的跨国金融命脉。摩根大通正在用JPM Coin做同样的事情，只是换了一种形式。

我们不妨用一段简化的伪代码，理解JPM Coin的核心合约机制：

```
mapping(address => uint256) public balanceOf;
function mint(address client, uint256 amount) external
onlyBank {
    require(depositsReceived(client, amount));
    balanceOf[client] += amount;
}
function burn(address client, uint256 amount) external
onlyBank {
    require(balanceOf[client] >= amount);
    balanceOf[client] -= amount;
    transferFiatBack(client, amount);
}
```

可以看出，JPM Coin的所有操作都受银行控制（onlyBank），并且每一步都必须有"链下确认"。这是稳定币中典型的"托管映射模式"。它不是"自由货币"，而是法定货币的数字形态。

15.7　存款代币 VS 稳定币

JPM Coin常被误认为是稳定币，但实质上它与稳定币截然不同，银行给了它一个独特的名字——存款代币（Deposit Token）。这看似只是换了个名号，背后却是关于"货币主权、金融信任、合规边界"的博弈。

在稳定币的世界里，稳定币发行商多为非银行机构，它们大多未获得银行牌照，未纳入存款保险体系，也未与央行建立直接连接。存款代币代表商业银行的存款债权，受监管框架约束。

正如国家从来不会放弃铸币权，银行也从来不会放弃其核心职能，只是它们需要寻找一种能够穿越链上与链下的"新机制"。JPM Coin并不是一种新币，而是一种基于区块链的支付工具。

举个例子：某跨国公司在摩根大通纽约分行有5 000万美元的存款。当它需要进行跨境结算或链上清算时，不必通过SWIFT、清算所、跨国电报和中转账户等传统系统，而是直接触发合约，使摩根大通在其私有区块链上"铸造"5 000万个JPM Coin。这些代币在区块链上流转、结算、对账、核销，所有环节均自动化完成。

但别误会，这不是USDC式的"铸币+托管"，也不是DAI式的"抵押+释放"。链上的代币余额直接由银行控制，你拥有的JPM Coin，不是你自己的资产，而是银行为你保留的"链上映射凭证"。这种设计极大增强了效率与监管的兼容性。

也就是说：它既是一种稳定币，又不是传统意义上的稳定币。它并非专为加密货币领域设计，而是用于银行内部及B2B体系。它不追求自由，追求的是稳定与秩序。

从JPM Coin的崛起，到wCBDC（批发型央行数字货币）联合试点，再到新加坡金融管理局的Project Guardian，每一个项目背后都有一个核心逻辑：稳定币可以探索，但货币主权必须由合规框架内的权威机构掌控。

存款代币与稳定币并非简单的对立关系，而是一种"代际演进"——前者是银行主导的、合规驱动的金融工具，后者则是去中心化、市场驱动的创新尝试。它们之间既有竞争，也有互补。

从某种意义上说，稳定币的每一次探索，其实都是在为存款代币"铺路"：先在未被开发的领域中建立基础设施、测试技术、教育用户，而当市场路径逐渐清晰后，银行便以"合规化"为盾牌，稳健地进入这一领域，完成对金融体系的重构。

如果说JPM Coin是银行在稳定币领域的试验性产品，那么未来十年，我们很可能看到更多银行发行的代币产品陆续落地。

纸币的诞生终结了铸币厂的时代；移动支付的普及让现金交易不再是主流；而如今，区块链带来的稳定币与代币金融，正在对银行构成系统性挑战。

但银行已经从历史中吸取了教训。这一次，它们不再被动等待，而是主动参与、定义规则——以存款代币为工具，试图打开未来金融的密码锁。

如果银行最终成为最大的稳定币发行机构，稳定币是否将被彻底收编？我们会见证稳定币的胜利，还是经历一场由银行主导的"金融秩序重塑"？这，将是未来金融格局的关键转折点。

第16章 稳定币在各行业中的作用

稳定币正从金融基础设施升级为数字经济的价值操作系统。它最初作为加密货币交易的避险工具出现，如今已渗透至跨境支付、供应链管理等场景，并逐步向更广泛的产业领域扩张。

如同电的出现，不仅改变了照明方式，还推动了工业生产的自动化、城市化和通信技术的发展，最终重构了整个工业体系；如同互联网的出现，最初应用于军事通信和学术研究，随着技术的发展，逐渐演变为全球性的基础设施，重塑了商业、社交、教育和信息传播的方式，甚至改变了人类的身份认同和社会互动模式。

稳定币也正走在同样的道路上。

稳定币最初是为解决比特币等传统加密货币价格波动过大的问题而设计的，但如今它已对传统金融领域产生深远影响，未来或将成为现代社会价值转移的重要工具。

它将会逐步渗透金融行业，并深入医疗、教育、物流、能源等行业，甚至游戏、广告、市政服务、碳交易与房地产行业也开始感受到"无国界货币"所带来的影响。

16.1 金融行业：解构银行系统，重塑清算逻辑

过去三百多年，银行一直是全球价值流动的"闸门"。你想汇款？找它；你要贷款？还得找它；你要进行国际清算？那更绕不过它。

但现在，稳定币在慢慢拆解银行。本质上，银行系统是"中心化数据库+人工审核"的模式；而稳定币系统是"去中心化链上记录+智能合约清算"的模式。

稳定币之于银行，就像铁路之于驿站、电灯之于煤油灯——它代表了一种更快捷、更高效、更智能的传输方式，正在重新定义价值的流转过程。

金融行业正面临深刻变革。

即使像摩根大通、渣打银行这样已推出自有稳定币、接入RWA平台并拥抱DeFi生态的传统金融机构，也在积极应对转型压力。

而那些依赖传统柜台服务和人工审批流程的银行，其原有的业务模式更在悄然发生改变。

16.2 国际贸易行业：降低摩擦与应对制裁

历史上，丝绸之路的驼队每一次交易都需要银两称重，以进行结算；中世纪的海上贸易，依赖汇票作为跨境结算的凭证；"二战"之后，美元与SWIFT主导了全球清算；如今，稳定币正在逐渐成为国际贸易中的新型支

付工具。

这是一场悄然进行的"货币替代"之战，这种转变已在全球高频交易网络中得到实际应用。

一位伊朗商人卖出一批地毯，若通过美元进行结算，可能因为美国制裁根本无法收款，但他可以让客户使用USDT等稳定币支付——将相应数量的USDT支付到某个区块链地址，之后这位伊朗商人在本地交易平台兑换成里亚尔。这不是科幻小说，而是每日都在发生的现实事件。

不仅个人在使用稳定币，连国家也在探索其应用。俄罗斯央行曾表示在中俄贸易中，稳定币可能成为"技术备选路径"之一；伊朗更是早在2022年就尝试用加密货币支付进口订单。

由此可见，稳定币不只是一种更便捷的支付工具，在当前地缘冲突频发、金融制裁不断、贸易壁垒林立的环境中，稳定币提供了一种创新路径，为原本可能受限的交易开辟了可能性，并逐渐影响着新国际金融格局的形成。

16.3 电商与零售行业：打通"最后一公里"

如果说金融行业与跨境贸易是稳定币的"隐秘战场"，那么电商与零售行业就是它的"前线阵地"。全球数十亿的交易之中存在一个显著的矛盾：我们生活在一个商品高度全球化的时代，支付方式却常常局限于本地。

一个深圳的T恤制造商在全球速卖通上接到法国客户的订单；一个菲律宾的手工艺人在Etsy上将商品卖给了来自美国的顾客；一位尼日利亚的程序员在Upwork上为英国客户写代码……他们的商品或服务是全球流动的，但收款环节，即资金流通的"最后一公里"，常常存在障碍，会受到如PayPal手续费较高、Stripe审核严格、传统汇款手续烦琐且周期长等限制。

对比之下，稳定币提供了一种更高效的跨境资金流动解决方案。

16.4 游戏行业：构建链上价值底座

曾经，游戏金币只是游戏里的虚拟货币，仅供玩家关起门来自娱自乐。但自从链游（Blockchain Game，区块链游戏）与元宇宙经济逐步兴起，一个关键问题被摆在了桌面上：在虚拟世界中，我们用什么"货币"来衡量劳动与价值？

让我们回到2005年，那一年《魔兽世界》里的金币已经可以与现实中的货币兑换；2024年，链游《异兽志》在东南亚开创了"边玩边赚"模式——玩家通过探索遗迹收集COC/COW等代币，这些代币可在XT交易所兑换成USDT。一时间，这种"虚拟打金"成为不少家庭的重要收入来源。

但链游公司发现，代币价格一旦剧烈波动，就会摧毁玩家的信心，于是，稳定币被引入游戏生态系统：玩家获得的游戏奖励以DAI等稳定币结算；游戏内NFT交易以USDC等稳定币标价；链游公司甚至用稳定币给开发者支付报酬。

更进一步地，元宇宙平台Decentraland与The Sandbox已经允许用户用USDT购买虚拟土地。在这个"无限扩展"的数字世界中，稳定币因其广泛的接受度、高效的清算能力和价值稳定性，逐渐承担起类似现实世界货币的功能。

孩子们在Roblox中赚取第一笔"数字工资"、Z世代在虚拟场景中使用稳定币打赏内容创作者、跨国工作者在元宇宙中领取USDC薪酬……这一切的背后，是稳定币作为基础清算工具在数字经济活动中的普及。

它不是游戏里的道具，而是探索未来价值交换体系的重要工具。

16.5 物流行业：加速资金流动与信用传递

当前，物流行业面临一个普遍问题：货物运输速度与资金结算速度存在显著差异。例如，一家越南工厂为德国客户生产的T恤已运抵鹿特丹港口，但货款可能因跨境银行审核流程仍需数日才能到账。这种不对称性就像性能极佳的高铁行驶在泥泞的土路上——物流跑得快，货款结算速度却跟不上。

而这恰恰是稳定币与智能合约可以发挥作用的地方。

我们可以想象这样一个场景：当货物到达指定节点（如港口、仓库）时，嵌入区块链的物联网设备可自动发出付款指令；预设的智能合约将USDC或DAI等稳定币自动转至卖家账户。

整个过程实现了物流信息与支付清算的同步，无须银行人工审核。

上述过程早已不是科幻小说中描绘的场景，而是已进入实践阶段。

2024年，花旗集团推出代币服务（Citi Token Services），实现全球多币种账户7天×24小时实时划转。同年，重庆西部陆海新通道物流融资结算应用场景可以用区块链完成跨境融资结算，简化企业外汇支付流程。这印证了区块链技术在真实场景的落地价值。

更深层次的影响在于交易模式的变革：依赖银行担保的传统信用体系，正逐步转向由自动执行的智能合约担保；资金清算从中心化机构处理转向链上多方协同完成；交易对账从人工操作转向自动化履约。这标志着物流行业资金流转方式正在经历深刻转型。

16.6 能源行业：稳定币与碳积分的结合

能源行业看似与虚拟货币关联性很弱，油田、电网、核电站等实体设施，也似乎与虚拟货币并无直接关联。

可如果我们换一个角度来看，能源交易其实从来都不是物理实体的转移，而是围绕能源价值展开的金融活动。

煤炭不会自己走动，石油也不会自己交易，这些能源产品的流转依赖复杂的金融机制，包括对冲、结算与合约安排。

在此背景下，稳定币正展现出在绿色能源交易中的潜力：它可能成为绿色能源交易的新型媒介。

想象这样一个场景：一家德国汽车制造商为了履行碳中和的承诺，需要在中国四川某水电站购买碳积分。以往，这种交易的流程需通过中介机构对接、双边银行进行跨境清算，且必须经过层层审批。整套流程不仅复杂，而且成本高昂，对很多中小企业来说是个沉重负担。

但如果引入"稳定币+智能合约"，这个过程就会发生改变：水电站将碳积分发行为链上RWA资产；德国汽车制造商用USDC稳定币支付，实现快速清算；智能合约自动完成碳积分转移与账本更新，同时生成链上凭证。这样下来，整个流程可在非常短的时间内完成。

这不仅是支付手段的升级，更是绿色金融体系的结构性创新。

现实中，相关实践正在推进。例如，新加坡成立的全球碳交易平台Climate Impact X已试点使用USDC进行清算；Verra、Toucan等项目正推动碳资产在区块链上登记，试图构建新型碳信用市场；中国部分城市试点绿色电力链上交易平台，技术接口已为稳定币应用预留空间。

更重要的是，这种模式也将为绿色债券等金融工具开辟新的结算路径。绿色债券以未来环保效益为收益承诺，其核心挑战在于如何有效追踪承诺的履行情况。区块链技术可记录环保行为数据，稳定币可以用于转账付款，通过智能合约实现"行为触发支付"——只有当碳减排、清洁发电等目标达成时，才会触发转账活动。这构建了一种新型的激励金融生态，将环保绩效与资金流动直接关联。

16.7 教育行业与内容创作：激活创作者经济

在古代文明中，知识传播主要依赖口口相传；后来发展出了书，可通过车马、邮驿等方式在更广阔的范围传播。

在现代，教育行业和内容创作虽已高度数字化，却面临一个难题：创作者如何获得收益？

我们来设想这样一些情景：

一位坐在尼日利亚教室里的中学生希望学习一个美国教授开设的线上付费AI课程，却找不到课程购买链接；一位四川乡村的初中老师需要购买印度教育科技平台的教学素材，却找不到付款渠道；一位在X（原Twitter）上拥有百万阅读量的AI简报创作者，却很难把全球读者的打赏提现到自己的账户……

稳定币正为解决这类跨境支付障碍提供新的可能。

在现实中，我们已经看到了如下三种主要的变革路径。

（1）链上教育结算平台。

Open Campus、TinyTap等项目支持教师将课程发布在区块链上，学生支付课程费用后，智能合约根据预设规则自动将收益分配给内容创作者、平台及分销方。

（2）打赏与微支付平台的全球化升级。

传统内容平台打赏常面临高额手续费（如iOS系统有30%的抽成）、漫长的结算周期（数周）及中心化审核限制等问题。而在链上，USDC、DAI等稳定币可以实现"秒级到账"的提现，无须经过中心化平台的审核。未来，创作者可以在全球范围内以稳定币形式接收读者或观众的打赏或付款。

这种低门槛、高效率的支付方式，对银行服务普及度较低的东南亚、非洲、南美等地区的创作者尤为重要。

（3）跨国教育服务的结算方式重构。

稳定币为跨国教育服务提供了更高效的B2B支付方案。例如，中国面向"一带一路"国家的在线汉语教学服务、阿联酋向北非输出的职业培训平台，未来均可利用稳定币实现低摩擦、无汇率损耗且不依赖传统国际银行体系的支付结算。

16.8 医疗与保险行业：嵌入健康数据

现代医疗技术高度发达，AI诊断、基因测序、远程手术、可穿戴设备等技术广泛应用。然而，患者在就医时仍需在缴费窗口或自动缴费机排队缴费，跨国保险赔付动辄耗时数月，健康数据也因分散存储而难以互通——技术发展虽快，但金融结算效率仍显滞后。

稳定币的出现，为医疗支付与风险管理提供了一种兼顾灵活支付和自动化风险控制的新路径。

目前，稳定币正在推动跨境医疗与保险的双重变革。

（1）第一重变革：跨境医疗支付效率提升。

想象你是一位参与非洲援建的中国工程师，突发高烧，被送往内罗毕的一家私立医院治疗，此时的你会面临四重障碍：第一，该医院没有接入医保网络；第二，信用卡不支持当地货币；第三，即便可以支付，保单核赔的流程也十分漫长；第四，当地医院无法使用微信与支付宝等中国常用支付工具。

而使用USDT或保险公司发行的特定稳定币可以快速解决此类问题。

稳定币可在区块链上实现"诊疗确认→支付结算→记录同步"的一站式流程，兼具实时性、可信度与自动化。

这体现了稳定币作为高效跨境医疗支付工具的潜力——一种能随人员流动、按需触发的动态结算工具。

（2）第二重变革：健康数据驱动自动化理赔。

借助智能合约的辅助，保险理赔流程可以大幅简化，无须依赖电话沟通、纸质证明及传真传输，可以实现自动结算。AOKpass、InsurAce等新型保险平台，正通过稳定币探索"可验证健康数据+自动支付"的新模式。

健康数据上链与稳定币结算相结合，代表着医疗与保险行业正在发生从"事后审计"走向"事前合约"的结构性变革，这体现了稳定币在医疗金融领域的潜力——"可定向、可冻结、可追溯"。

更深层次上，在健康行为与保险保障之间，一个"数据即财富、健康即资本"的逻辑正在浮现。稳定币第一次让个人健康数据能够实时触发相应的价值反馈。

16.9 房地产行业：参与不动产交易与拆分流转

在现代金融体系中，我们面临着一个奇怪的悖论：房地产作为高价值资产，却普遍面临流动性不足的问题；与此同时，区块链技术虽能实现高效价值流转，却难以直接承载现实资产的价值。

这一矛盾催生了将现实资产映射上链的解决方案——RWA。稳定币在此过程中扮演了关键角色，为资产上链后的交易与流转提供了高效、稳定的价值媒介。

从历史经验看，资产的可流动性、可分割性和可验证性是决定其金融价值的关键要素。房地产之所以"贵而沉"，就是因为它在这些方面存在天然的限制。

稳定币作为数字世界中的"流动性钥匙"，正试图将这些限制一一打破：通过区块链技术，房地产产权可被拆分为小额、可流通的数字代币，投资者使用稳定币即可便捷地购买或转让这些代币，从而间接持有实体房产的部分权益。这不仅降低了投资门槛，也显著提升了资产的流动性。

也许未来，你在NFT交易平台OpenSea上不只可以买到猴子头像，还可以购买一栋位于日本京都祇园的古民宅的一部分产权。稳定币与RWA技术的持续融合，将推动不动产交易与流转方式向更高效、普惠的方向演进。

16.10 媒体与广告行业：更精准的投放

对媒体与广告行业来说，人类的注意力是非常宝贵的资源。

通常来说，对人们注意力的引导往往伴随着特定的目的：古罗马的角斗士表演并非单纯娱乐百姓，还具备吸引民众注意力、转移民众对高税赋与粮荒的愤怒的功能；20世纪的电视广告将可口可乐的"快乐"与战争年代的"民族记忆"捆绑在一起，试图打造一个"喝可乐就是美国梦"的认知；到了互联网时代，谷歌、Facebook、抖音、百度等平台，都在利用算法和用户画像实现广告的精准推送，将用户的注意力"标价出售"。

广告行业的本质是基于数据的价值交换。然而，传统广告长期存在透明度低、中间环节多、效率不足等问题。稳定币与区块链技术的引入，正为这一领域带来变革契机。

例如，一位视频创作者在去中心化视频平台上发布了一条视频，每当有用户完整观看30秒视频后，智能合约可以自动将0.5 USDC打赏至创作者钱包。打赏方可能是品牌方、观众，甚至是AI自动投放系统。此类实践的可行性已在Galxe等项目中得到验证。

稳定币的兴起，为媒体与广告行业带来了如下两大变革。

（1）按行为付费的广告结算机制。

稳定币的最大优势是可编程性与交易可追溯性，这为广告投放提供了新路径：广告预算的分配路径可在区块链上全程追踪；用户的点击、观看等互动行为可触发预设的结算规则；内容创作者、平台及品牌方之间的收益分配通过智能合约自动执行。

过去的广告投放是"先投放后评估"，之后的广告投放逻辑可能会转变为基于用户实际行为的"触发后付费"机制。从"烧钱拉用户"模式到"精准触发+即时结算"模式，稳定币正推动广告行业向更透明、更高效的"自动按需、链上清算"的新范式演进。

（2）链上身份作为行为价值依据。

如果以广告精准投放为目标，那么其核心任务就是获取目标用户并变现。这时，链上的身份系统就发挥作用了。基于区块链的钱包地址及其链上行为记录（如内容消费偏好、互动频率）可构成用户的行为画像，品牌方不再"盲投"，而是依据这些公开可验证的用户行为画像定向投放（即"链投"）。

用户每次有效的广告互动（如点击、观看）均可通过智能合约以USDC、DAI等稳定币即时结算收益。

也许在不久的将来，你在短视频平台上观看的短视频内容是AI生成、AI剪辑的，广告是由智能系统精准投放的，互动收益也是通过智能合约自动结算至跨链账户的。

这种融合区块链技术、稳定币结算与用户行为识别的模式，可能重构广告价值的传递体系。

16.11 公共服务行业：可量化的资金调配能力

2025年3月，缅甸和泰国相继发生地震，币安创始人赵长鹏，通过公开区块链地址接收BNB捐款超210万美元，用于震区救援物资采购。每笔捐款流向可链上追踪，保障资金精准用于帐篷、药品等急需物资的采购。

这是一种利用区块链技术管理公共资金的新尝试。

如果这些捐款通过SWIFT或传统银行电汇处理，几乎每一笔汇款都要3~5天到账，手续费高达5%～10%，还可能因受政策限制而延迟或被冻结。

而用稳定币支付只需要一串地址、一个钱包、一个数字签名，即可实现快速转账。这种效率的提升，有助于弥补传统财政体系在应急响应速度上的不足。

稳定币可以精准转账，从而实现更精准的资金发放。例如，在新冠肺炎感染期间，很多国家尝试给低收入人群发放补贴，但在补贴发放过程中，却面临重重困境：

（1）如何识别谁该领、谁不该领？

（2）跨银行、跨省、跨平台补贴发放如何同步？

（3）如何防止补贴被黑市倒卖？

基于"链上身份认证+稳定币转账+智能合约监管"的机制，可有针对性地解决这些问题：仅通过身份验证的低保家庭可自动接收补贴；补贴仅限于在指定Dapp（去中心化应用）中用于医疗、食品等必需消费；若在固定期限内未使用补贴，则自动收回。

这种新机制不仅可以提高效率，还能提升资金流向的透明度，有助于减少管理环节中的潜在问题。

有人担心：稳定币是否会削弱政府的财政权力？其实不会，它并非取代政府，而是为公共资金管理提供了更高效的工具，让政府像现代企业那样拥有精准、高效、可量化的资金调配能力。

第17章 稳定币与经济学

17.1 古典经济学:"重回黄金时代"

1821年,英格兰银行宣布英镑与黄金以固定价格自由兑换,从此,一个帝国开始在黄金的光辉中迅速扩张。

古典经济学的奠基者亚当·斯密、大卫·李嘉图的理论,正是在这种货币秩序下发展起来的。当时的部分人形成了对货币价值的独特认知,坚信像黄金这样的贵金属之所以能成为货币,不是靠政令,不是靠央行,而是靠它天生稀有、难以仿造、持久耐藏的特质。

我们可以打个比方:那时候的货币就像一头牛,你可以拿它去换麦子,因为这头牛能耕地或能产奶,它的价值是看得见的。黄金就像这头牛一样,是人类对价值锚定的一种具象化想象。

三百年过去了,我们似乎走得很远——金本位解体、拥抱法币、信用扩张……但当我们走入链上世界,又发现稳定币居然像极了"数字金本位"。

我们以USDC为例，它的发行逻辑是：先将等额美元存入银行账户，然后在区块链上铸造相应数量的数字通证。这就像昔日银行将黄金存入金库，再发行金券并使其流通的过程，只不过，这次我们使用的是通过代码控制的数字金库和基于加密签名的数字通证。

这种机制被支持者视为新型价值锚定方式，而批评者则认为其本质是对金本位的复刻。

金本位因战争冲击、财政赤字、银行挤兑及国际经济失衡等问题最终瓦解，这引发了很多人对稳定币机制的反思：算法的局限性或抵押资产的风险，可能同样会动摇其价值稳定性。

稳定币的技术实现虽具创新性，但其依赖抵押物锚定价值的核心理念，仍延续了古典经济学派对"实物支撑"的追求。

古典经济学派的经济学家如果看到USDT与USDC，他们大概会轻轻一笑，说："孩子，你不过是用新瓶装了旧酒。"

17.2 凯恩斯主义：国家调控工具面临的挑战

每当危机来临，很多人会想起那个英国人——约翰·梅纳德·凯恩斯。

1929年，世界经济大萧条。传统的自由放任政策在风暴中一败涂地，数千家银行倒闭，失业率飙升，美国街头遍地是"胡佛毯"（无家可归者身上用来取暖的毯子或旧报纸）。

这时，凯恩斯走上历史舞台，提出一个后来被很多国家的政府"奉为圭臬"的理论：政府该花钱了。

凯恩斯主义的核心手段是"逆周期"的财政政策：经济过热时，政府通过增税、缩减支出抑制需求；经济衰退时，政府扩大财政支出，刺激投资与就业。

货币与财政像两只大手，左右调节、上推下压，以保持整体经济环境的稳定。

但现在，稳定币来了。

很多稳定币不听政府的指挥，不等待财政部拨款，也不理会中央银行的利率调整政策，它只听从市场和算法的召唤：有需求，就铸币；有赎回，就销毁。它绕开了中央银行，绕开了税收渠道，甚至绕开了货币乘数机制——它是一个自成体系的货币宇宙。

想象一下：当经济陷入衰退期，央行降息到零，财政赤字达到历史高位，政府希望通过量化宽松政策刺激消费与投资。但此时，大量民众已经把资产转换成USDC、DAI等稳定币，存放在链上或DeFi协议里。这些资金可以在智能合约中赚取利息，却很少流入实体经济——既不广泛用于消费，也未形成税收。

财政工具效力衰减，货币工具钝化，传统调控机制开始变成"空踩踏板"。更重要的是：稳定币并非中立，它更容易服务于高净值群体与国际资本，这些人能更快适应新技术，更早布局链上生态，他们能更高效地利用其规避调控并获取收益，这可能加剧现实世界的经济不平等现象。

在稳定币的世界里，调控的手已经从制度上被砍掉了，它不缴税、不会通货膨胀、不能用来发行国债，就像一个经济特区中的特区，既不为国家服务，也不服从国家规则。

稳定币正通过技术手段削弱国家干预。从这一点看，凯恩斯主义的支持者大概率会讨厌稳定币。

17.3 芝加哥学派：自由市场原则的实践

20世纪70年代，全球因滥发货币陷入"滞胀泥潭"，到20世纪70年代末，美联储基准利率超过20%。一位头发花白、说话快得像机枪的经济学家站了出来，他叫米尔顿·弗里德曼，是芝加哥学派的旗帜人物。

米尔顿·弗里德曼批评政府过度干预经济，不相信经济能被极其精准地"操控"。他认为货币总量的稳定增长才是经济健康的保障，政府唯一要做的，就是让货币供应每年增长3%～5%。

稳定币的设计与以米尔顿·弗里德曼为代表的芝加哥学派的主张高度契合。

DAI、RAI等去中心化稳定币不需要任何中央银行的指挥调整，其价格、铸币数量只依赖智能合约自动调控。

甚至连USDC、USDT这类法币抵押型稳定币，也隐约能看见芝加哥学派的影子：坚持1∶1足额储备原则，发行方须持有等值美元现金或短期国债。

但问题也正出在对规则的执念上。

算法是冷静的，但市场是疯狂的。

当系统运行正常时，一切井然有序；当市场恐慌引发挤兑时，代币增发与抵押物抛售会形成死亡螺旋。

传统金融中，中央银行可通过流动性注入阻断危机传染（简单来说就是当金融危机爆发时，市场上的资金变得紧张，银行和企业很难借到钱，这会导致经济活动停滞甚至崩溃，此时中央银行增加货币供应量，以缓解资金短缺，稳定市场运行）。但链上稳定币缺乏此类制度保障，智能合约仅按预设规则执行清算，可能加速系统性崩溃。

这让我们不得不重新审视一个问题：稳定币究竟是自由市场理念的胜利象征，还是对传统货币规则的过度依赖？

算法货币的世界，是否真的像弗里德曼所倡导的那样，追求自由、有序与理性？稳定币在某些方面与芝加哥学派的理论契合，但其市场机制和去中心化特征又与芝加哥学派的理论存在差异。

稳定币的真正价值，还需要时间来检验，毕竟，它才刚刚起步。

17.4 奥地利学派：货币非国家化的技术实践

在经济学的长河中，奥地利学派就像一股逆流的山泉——冷冽、纯粹、固执，哪怕面对主流海洋的巨浪，也绝不回头。他们的信仰来自对自由市场、个体选择和自发秩序的推崇。

哈耶克、冯·米塞斯、罗思巴德……这些奥地利学派的旗手，用毕生精力反复强调一个主张：政府不该垄断货币发行权。

他们主张货币应由市场自由决定，认为中央银行的货币扩张和低利率政策会扭曲市场信号，导致资源错配和经济周期波动。

于是，哈耶克提出一个极具挑战性的设想——货币非国家化，即允许私营机构发行竞争性货币，由市场选择最具购买力、最稳定的货币。这一理论在20世纪被有些人视为"异端"，却在21世纪通过区块链技术初步实践——去中心化稳定币成为其技术载体。

MakerDAO的通过超额抵押加密资产生成稳定币，依赖智能合约自动调节供需：当DAI价格高于1美元时，系统降低抵押利率以鼓励增发；当DAI价格低于锚定时，则提高利率促使用户偿还DAI并销毁代币。该机制试图以代码规则替代央行决策，实现哈耶克倡导的"货币竞争"。

可惜，创新不一定都能获得好的结果。稳定币生态虽然不受高强度的监管制约，却仍面临一系列"自由的悖论"：缺乏统一的货币政策调控，可能导致流动性池迅速枯竭；没有强制性的清偿能力，价格稳定性可能被市场情绪轻易打破；没有主权信用背书，信任完全依赖用户共识，系统极度脆弱。

2020年的"黑色星期四"就是一个典型例子。

2020年3月12日，ETH价格单日暴跌幅度超过40%，引发DAI抵押品大规模清算。由于链上拥堵，部分清算未能正常执行，用户损失惨重。

自由竞争的稳定币，并没能带来稳定，有时反而放大了恐慌。

奥地利学派推崇的市场自然选择机制未能解决一个关键问题：如何保护市场崩溃中遭受损失的普通参与者？

自由的代价是必须承担所有选择的后果，而现实是，绝大多数人根本没有承担链上金融风险的能力。

17.5 现代货币主义：国家信用体系的裂缝

很少有经济学理论能像现代货币主义的理论那样，从诞生开始就充满争议。

它不像古典经济学派那样重视黄金，也不像凯恩斯主义那样主张政府干预，更不像奥地利学派那样相信市场机制的自我调节能力。

现代货币主义的核心思想可以用一句可能有些惊世骇俗的话来概括：政府永远不会缺钱。有些现代货币主义的支持者认为，主权货币发行国的政府不会因为发行货币而面临资金短缺问题，政府可通过财政赤字创造货币以满足公共支出需求。

稳定币的兴起对现代货币主义的理论构成了直接威胁。

（1）货币发行的垄断权的分散：稳定币使跨境支付、储蓄和交易可脱离主权货币体系，削弱了国家对本币流通的绝对控制能力。

（2）财政与货币政策协同的失效：部分链上交易可以规避税收监管与资本管制，导致政府丧失对这部分资金流动性的调控能力。

（3）通货膨胀调控的弹性空间：当主权货币出现贬值预期时，资金会迅速兑换为稳定币避险，造成货币乘数机制失效。

现代货币主义希望建立一个更民主、更公平的货币秩序——让政府充分发挥作用，以实现充分就业和经济增长，而非任凭市场在危机中无能为力。然而，稳定币在链上构建出一种可以绕过传统银行系统的支付机制，它并非为了救市，而是为资本提供一种更便捷、更稳定的支付工具。

现代货币主义和稳定币的差异在于：一个依靠国家信用，一个依靠技术信用；一个追求财政主动性，一个信仰程序自动化。稳定币不是在与国家竞争，而是在探索去中心化货币的可能性。

17.6 "不可能三角"：去中心化、图灵完备、安全性

在金融领域有一个经典理论："不可能三角"（Impossible Trinity），即一个国家在开放经济条件下，无法同时实现资本自由流动、货币政策独立和汇率稳定这三个目标，最多只能选择其中两项。

这一理论也被称为"三元悖论"，是由美国经济学家保罗·克鲁格曼（一说蒙代尔）提出的。

区块链的发展同样面临类似的"三元悖论"，即不可能同时实现去中心化、图灵完备与安全性。

去中心化意味没有单一实体（如公司或政府）操纵整个系统，网络中的每个节点（如用户的计算机、服务器）都可以参与数据验证和交易处理，节点之间的地位平等。

图灵完备意味着"能模拟任何可计算过程"，这是衡量系统计算能力的关键指标，在区块链中，它决定了智能合约的灵活性和应用的广度。

安全性意味着系统具备抵御恶意攻击、防止数据被篡改、保障资产与交易完整性的能力，是区块链实现"不可篡改""可信存储"的基础。

这三个目标每一个看起来都很美好，但问题是：它们无法同时实现。

稳定币就像一个试图追求完美的舞者，在图灵完备、去中心化与安全性之间不断尝试，跌倒，再爬起。

（1）去中心化+安全性＝放弃图灵完备。

看看区块链的开山之作比特币，其设计从一开始就将去中心化和安全性作为核心考虑因素，主动牺牲了图灵完备。

这种取舍导致比特币仅支持有限的逻辑操作（如验证签名、检查余额、简单条件判断），不支持循环、递归等复杂逻辑，更无法编写智能合约，因此其功能单一且迭代缓慢。

（2）中心化+图灵完备＝放弃安全性。

再看看以太坊上那些"实验性"的算法稳定币（如UST、RAI），它们引入了图灵完备的虚拟机（EVM，以太坊虚拟机），这意味着它能运行任意复杂的代码，支持智能合约，但这也意味着代码的复杂性和存在漏洞的概率呈指数级上升——就像计算器只能做加减乘除运算，其系统几乎不会出现问题；而一台能运行众多复杂程序的计算机，却可能因中病毒、系统漏洞而崩溃。

（3）安全性＋图灵完备＝放弃去中心化。

最后，我们再看看以Hyperledger Fabric为代表的企业联盟链，链的节点由联盟成员控制（如银行、物流企业），属于"多中心协作"，无单一节点垄断。

区块链的核心价值是"无须信任中介的价值传递",去中心化是实现这一价值的基石(如比特币解决"双花问题"无须央行背书),而联盟链的"弱去中心化"偏离了这一初衷。

区块链的"不可能三角",迄今为止仍然没有找到好的解决办法。也正因为区块链的这种天然缺陷,稳定币才会存在"三元悖论"。

除"三元悖论"外,稳定币还存在一个"终极矛盾":稳定、去中心化、资本利用率亦不可同时实现。

稳定币想同时抓牢"稳定、去中心化、资本利用率",就像在三根钢丝之间找平衡:如果想让资本灵活生息(提高利用率),要么牺牲稳定(算法调节易失灵),要么偷偷依赖中心化团队操盘;要追求1∶1锚定的绝对稳定,就得把储备金死死锁住(如法币抵押),资本利用率会骤降;想彻底去中心化,就得超额抵押加密资产以预防风险,资本会被大量闲置。

(1)稳定性+去中心化。

以DAI为例,它不依赖任何中心化的银行或金融机构,发行和管理都基于智能合约,所有交易记录公开透明,避免了中心化机构可能带来的操控风险,符合去中心化金融的理念,给予用户更大的自主权。此外,DAI与美元保持1∶1锚定,通过算法和智能合约来调整DAI的供应量。不仅如此,DAI又与ETH、比特币等加密资产锚定,能在波动的市场环境中较好地保持稳定,得到"加密原教旨主义者"的钟爱,也赢得了很好的口碑。

但是它需要更多资产作为支撑。DAI采用超额抵押机制,通常要求抵押率达到150%以上,这意味着大量资金会被锁定作为抵押品,资本利用率较低。这也是DAI难以壮大的原因,哪个资本家会以大搏小呢?

(2)去中心化+资本利用率。

追求去中心化与资本利用率,不惜牺牲稳定性,这就诞生了有名的算法稳定币。

它们激进、悲壮且理想化，如UST，它凭借算法实现稳定，不依赖任何法币或现实资产抵押物，也不依赖中心化的机构，这样就减少了单点事故的发生风险。UST不同于传统稳定币需要过度抵押资产，用户无须锁定资金即可参与生态治理，理论上资金可自由流动。

然而，最终的结果我们都知道了：UST崩盘了，它并没有获得理想中的稳定，这是因为算法稳定币高度依赖市场行情和投资者信心，一旦出现技术问题或投资者信心动摇，就会导致价格失控。

（3）稳定性+资本利用率。

这类稳定币的典型代表是USDC，它追求价格稳定及高资本利用率，每发行1枚USDC，背后总有1美元资产储备作为支撑，并且这些资产主要由现金和国债构成。不仅如此，USDC通过跨链桥接技术实现在不同区块链之间的可操作性，使其能够在更多支付、交易和DeFi场景中灵活应用。

USDC由Circle公司发行，其发行、赎回和储备管理由Circle及其合作伙伴组成的Centre联盟控制，Circle需遵守美国《银行保密法》《反洗钱法》等法规，储备资产接受定期审计，相关机构可通过"黑名单"功能冻结特定地址的USDC，这进一步体现了其中心化管理的特点。

在加密货币的广袤版图中，稳定币作为试图平衡市场波动性与虚拟货币优势的特殊存在，其每一段发展历程都是在不断碰壁、妥协与权衡中艰难地向前行走。

人们对完美货币的追寻恰似一场艰难的跋涉，历经岁月洗礼，至今仍遥不可及。稳定币作为虚拟货币浪潮中的新兴力量，承载着人们对稳定价值存储与高效交易的期许，然而，在其成长的旅程中，瑕疵与不足在所难免，故而实在不必对其过度苛责。毕竟，即便是现实世界中历经数百年发展、根基深厚且广泛流通的法币体系，同样深陷"不可能三角"的困境之中，难以挣脱。

17.7 适合稳定币的新理论

每一个时代的货币变革,都会催生新的理论。古典经济学派强调市场机制,凯恩斯主义源于大萧条时期对政府干预理论的探索,货币主义在"滞胀"年代崛起,现代货币主义则诞生于一个"财政泛滥但通胀不来"的全球量化宽松时代。那么,当稳定币登场,我们需要什么样的理论?

我们或许将见证一个前所未有的新理论的诞生——稳定币并不能用某一单一学派的理论概括,它融合了多个经济学流派理论的要素,形成了一个复合的杂交体:它像货币主义的数字继承人,强调货币总量的自动调节、规则透明,排斥人为干预;它是凯恩斯主义的链上延伸,能被用于财政分发、补贴、调控;它在结构上体现出奥地利学派的私有货币设想特征——多种稳定币共存、自由竞争,优胜劣汰;同时,它也像现代货币主义的变体——依托智能合约,实现"规则约束下的弹性供给"。

传统理论以国家主权疆域为边界,数字时代的新理论要在网络边界内重构治理框架。旧理论信任机构,新理论信任代码;旧理论操控市场,新理论重视共识。

稳定币不仅是一个金融工具,还可能是一个全球性数字结算网络的雏形,一个挑战现有金融逻辑的突破口,一个平行于国家法币体系的货币新范式。

它之所以能兴起,是因为传统经济体系在数字时代显露出局限性。它就像一株生长在裂缝中的树,扎根于古典经济学派的土壤,叶片在凯恩斯主义中舒展,汲取着现代货币主义理论的养分,但它的树干早已与代码和加密技术融合。

所以，如果我们继续用凯恩斯、弗里德曼、哈耶克所代表的传统经济学理论框架来审视稳定币，无异于用制造马车的理论来讨论怎么优化高铁。理解稳定币需要新的理论视角，这并非要取代旧理论，而是要回应一个新问题：当货币发行不再完全由国家掌控时，我们应如何理解经济运行逻辑？这可能是旧经济学无力作答的新世纪命题。

17.8 智能合约理论："数学契约论"

在国家诞生之前，经济活动可能依赖于部落协定；在法币占据统治地位之前，黄金曾作为货币或货币象征。人类走了几千年，从口头信用走到纸面合约，又从纸币权力走到电子网络。每一次经济体系的升级，本质上都是社会信任结构的再组织。

而今，一种新的技术形态出现了——智能合约。

它没有情感，不知妥协；不受人为干预中断，只依据预设规则运行。它有一种技术特性：一经部署，便不可篡改；条件满足，则自动执行。这种基于代码的协议，正逐步替代传统社会中极其依赖共识与执行力的契约关系。而稳定币，是它创造的第一个在链上流通的标准化信任凭证。

我们是时候承认：人类的经济系统，未来很可能脱离"人治合约"，走向"代码合约"；从基于纸质文档的秩序转向依赖分布式账本的逻辑（"链上逻辑"）；从依托主权机构信用背书的模式，转向依靠算法确保执行的机制。

我们可以大胆畅想一个未来可能诞生的新的经济学理论——智能合约理论。这一理论的核心关注点并非传统的GDP增长、货币乘数或财政赤字，而是聚焦于一个根本前提：当经济行为主要由不可篡改的程序驱动与控制时，整个市场的结构、信任建立方式及价值分配机制，都将发生根本性的转变。

智能合约理论，可能带来一系列变革。

（1）货币不再仅仅是信任的载体，更是合约运作的产物。

传统法定货币依靠国家主权、法律体系和中央银行的运作来维护其信用基础。稳定币不同，它依赖于链上资产的透明抵押、预设的算法调节机制及预言机提供的实时价格数据。

在智能合约理论中，不是国家定义货币，而是合约决定货币何时存在、何时消失、如何流通、如何抵押。

在这一体系中，中央银行的角色被重构，开发者成为代币的创建者，规则的制定者是智能合约的代码编写者，审计不再由国家审计机关或金融监管机构执行，而是通过链上节点的共识机制实现。

货币的形态，或将演化为一种可编程的经济规则模块。

（2）市场运行机制：从人为博弈转向算法执行。

在传统经济学框架中，市场是信息不对称、预期博弈与主观判断共同作用的复杂系统。而在智能合约构建的市场环境中，其运行机制正逐步演变为"由算法驱动的自动化执行网络"。

链上市场中的套利者，不再是投机者，而是自动化机器人；市场效率不依赖政策调控，更多是靠智能合约与清算机制的紧密配合。这意味着人类在市场中的地位从行为主体变成了算法的监督者：我们不再口头讨价还价，而是用代码直接确定价格；我们不再需要新闻事件刺激市场，而是通过预言机喂价改变链上的状态；在对金融条件进行调整时也不需要等待美联储的决策，而是评估链上抵押率是否触及清算阈值。

市场运作的核心将从"人类行为的聚合"转向"预设规则的执行过程"。

（3）组织治理机制：从信任依赖转向程序化执行。

传统经济组织依赖股东协议、公司章程、财务报表和层级制度。而基于智能合约的组织，如DAO，不需要这些，它的资金管理通过链上资金池实现，决策通过投票确定，成员激励基于激励分配规则自动完成；它的"法律"是部署在区块链上的不可篡改的智能合约代码。

在智能合约理论中，组织不是"设立"的，而是"部署"的。

这是一种完全不同的经济组织形式。它像一个没有国籍、没有身份证、没有固定办公室却能在全球运作自如的"合约生命体"。它是一套自动运行的决策执行程序，其稳定性不依赖感情、不依赖身份、不依赖行政指令，只受一个条件约束——规则是否足够清晰，且无法被单方面篡改。

（4）经济调节机制：从政策决策转向参数化治理。

传统经济调节靠央行调息、政府补贴、国债发行等，其决策过程涉及复杂的政治协商与行政程序。而在智能合约理论中，经济调节是一个协议参数的调整过程。比如，DAI的稳定费利率上调，影响铸币动机；Uniswap的交易滑点调节可改变流动性；Aave的借贷参数变动可系统性调节资金的供需关系。

所有调节活动都变成了"链上治理提案+代码执行"的组合动作，政策变成脚本，调节靠参数更新，政府的传统调控职能部分让渡于技术化治理流程，而DAO凭借其链上规则执行能力，或许可以逐步成为新型经济治理单元。

（5）经济治理权转移到合约规则。

智能合约理论与传统经济学理论的本质区别是治理权的迁移。

传统经济体系以国家主权为治理锚点，智能合约理论以预设的代码规则共识为运行基础。在主权框架下，货币发行与流通受国家法律强制力约束；但在合约规则框架内，已部署的智能合约具有不可篡改性，其执行不受单方面干预的影响。

稳定币的诞生、DeFi的繁荣、DAO的治理，可视为去中心化架构在经济领域的试水。

第18章 AI时代的稳定币

AI（人工智能）不具备黄金的物理属性，也没有法币那样的主权信用背书。它在服务器集群中运行，通过算法调度资源，依据数据分析结果驱动资金流向。

或许有一天，我们会看到这样的场景：AI接管调度系统，决定哪一艘无人货轮可以靠港，哪一个数据中心可以优先供电；它负责分配能源、分配碳额度、定价工农业产出……我们以为还是人类在管理经济，直到有一个孩子问出一个问题："爸爸，我们的钱是不是也是AI制造的？"

那一刻，或许人类会意识到，自己早已不再是经济系统中的"主语"。

18.1 AI时代被广泛承认的第一种货币

我们可以这样认为：货币最初是一种信任，随后演变为一种权力；如今，它或许正在逐步转变为一种接口。

随着技术的发展，未来的稳定币可能不仅是锚定法币的数字凭证，而是演变为可被 AI 高效识别、验证与执行的价值传输协议。

在算法驱动的经济环境中，稳定币的核心作用在于为特定行为（如数据贡献、算力调用、资源访问）提供可量化的价值度量。它不再代表财富，而是代表接入权与合规性；它不是资产，而是资格。或许，它会成为 AI 时代被广泛承认的第一种货币。

AI 不懂货币史，甚至不理解"信用"这个抽象的概念，它只关心数据质量、系统贡献及风险参数，它的行动既不怀善意，也不存恶意。稳定币的规则透明、不可篡改、价值稳定等特性使其可能成为未来人机协同的关键接口。

18.2 AI 如何预测稳定币价格？

在传统的货币观里，稳定意味着控制：控制通货膨胀，控制利率，控制汇率……我们为维持稳定，建立了中央银行，一旦价格出现异常，系统会立刻"拉响警报"并进行干预。

但 AI 不这么想。

AI 不懂控制——它无法理解"惊慌"或"信心崩溃"等属于人类的反应。它关注的问题是：未来会发生什么？

于是，稳定币的逻辑，从反映现实转为预测未来。价格是否稳定，有时不再取决于系统反应是否足够快，而是取决于系统的预测是否足够准确。

过去，我们用中央定价或自由市场调节为币价设定锚点，如锚定美元、黄金、信用评分……现在，AI 用的是另一个锚点——未来 20 分钟内价格的期望轨迹。换句话说，稳定的本质不是锚定什么，而是提前干预，让价格沿着预测的轨道变化。

这一逻辑，在人类金融史上并不陌生。

日本经济学家、日本央行前行长黑田东彦在演讲中指出，央行应对市场预期负责，而非当前状况。只是那时候，央行需要开会、发声明、做前瞻性指引；而今天，AI通过生成大量行为预测来微调稳定币铸造量、储备池权重、风险惩罚曲线……

未来，它不再等问题发生再采取措施，而是在问题发生之前就做好预案。

AI可以用LSTM（长短期记忆网络）预测市场行为，用Transformer预测清算队列排布，用聚类算法分析套利者行为变异，甚至还能自动识别被情绪驱动的大额交易行为并提前采取相应措施……市场变动在链下发生，但结果在链上显现。

稳定币的价格变成了一个由行为预测、反馈调节、情绪前瞻组成的动态闭环。价格不再是控制的对象，而是一个被预测出的坐标。

在AI时代，货币不仅是一般等价物，而且可以用它来预判未来的行为。如果某个人的链上行为被AI判定为"未来极可能套利出逃"，系统就会提前限制他的铸币额度，甚至调高他的清算惩罚系数。

在这个体系中，稳定币充当了未来行为的"信用映射"——它不仅关注用户的过往行动，更关注系统对用户潜在行为的预测。

18.3 三元结构的文明分工

AI是一种高效的生产力工具，是永不停歇的"熵逆机器"，效率是它的信仰，预测是它的武器。它没有"社会结构"的概念，不关心成果的分配，它只是不断生产、不断优化。

于是，Web3.0出现。Web3.0不是网站，而是基于协议的规则，它的核心价值在于允许协议自己设定权属、共享和演化规则。换句话说，它的核心价值在于"分配"。

但即便AI的产出再多，Web3.0分配再优，如果没有一种跨网络、跨模型、跨链的激励机制，整个系统终究会陷入瘫痪。这个防止系统瘫痪的激励机制，就是稳定币扮演的角色。

未来，你用算力训练AI模型，AI将分配给你代币奖励；你投票支持某个DAO提案，也能获得稳定币分红；你提供跨链服务、参与清算、提供准确的预言，就会持续获得稳定币"赏金"。

AI、Web3.0和稳定币三极协同，共同构成数字文明的经济基础——AI负责制造，Web3.0负责设定规则，稳定币负责激励。稳定币是系统中关键的部分，可以确保机制稳定运转。

接下来，让我们畅想一下未来：

在遥远的未来城市，数十万个AI节点正在围绕资源配置、生产管理、能源分配协同运行。它们不需要人类干预，无须国家机构监管，需要的是可以跨节点结算的通用单位，可以量化的行为反馈激励凭证，能被模型理解、被合约调用、被系统评估的"价值流动符号"。

某一天，一个高度智能的AI系统在执行跨星系资源调度任务时，为了解决能量分配不均与调度滞后问题，启用了一个"行为计量单位"——它锚定能源流转效率函数与自治系统信用级别，这个"行为计量单位"就是整个系统为了更好地运行而"铸造"的"货币"。

这个"货币"的价值因锚定了某种行为反馈的期望函数而维持稳定。在这个意义上，它可能是机器文明的"稳定币"。

第19章 稳定币面临的风险和挑战

19.1 监管的不确定性：一国合规，跨境违法

稳定币是一种无国界但涉及价值交换的技术应用，它在全球法律体系中长期处于模糊地带：既被部分市场接受，又缺乏普遍的法律认可；用户需求明确，但监管框架尚未定型。

在美国，USDT和USDC始终面临监管压力。尽管它们声称"1∶1锚定美元"，实际运作过程却绕过了传统银行的清算体系与监管框架，自己"印钞"、自己定锚、自己流通。

一旦涉及系统性风险或国际制裁需求，稳定币发行方就会成为重点监管对象。

Libra项目就是前车之鉴。

前文介绍过，Libra是Facebook尝试推出的全球性稳定币，因挑战主权货币体系，遭到多国监管机构联合反对，最终被迫终止。今天的Circle与

Tether虽然仍活跃在市场，且已获得部分区域许可，但其运营仍建立在动态监管容忍的基础上，地位并不稳固。

主权国家不可能允许不受控的货币体系长期存在。因此，稳定币在某些国家合法，在另一些国家却可能被视为洪水猛兽。"一国合规，跨境违法"的这种"碎片化合规"，使稳定币面临难以预测的政策风险。

19.2　黑客攻击与协议漏洞：金融堡垒只靠代码守门

中国古代兵法讲："攻心为上，攻城为下。"可如果连城门都没有关好，敌人哪里还需要攻心？

在虚拟货币的世界中，稳定币便是一座"代码城池"——看似固若金汤，实则"杀机暗藏"。

前面的章节中也介绍过Curve，这个以太坊上最大的去中心化交易所（DEX）之一，在2023年7月30日遭遇了一次毁灭性攻击，原因不是"敌人大军压境"，而是它的代码中有一个极其微妙的漏洞——旧版本Vyper语言的"重入保护机制"失效了。攻击者利用这个漏洞盗走了超过5000万美元的资产。

这不是个例，而是"币圈"的常态。

别以为这是一种黑客小说式的高科技犯罪，其实这是代码世界简单粗暴的"破门而入"：只需要利用代码中存在的漏洞，便能让数千万美元资产瞬间从链上蒸发。

这些事件揭示了稳定币生态的核心矛盾：开发者须通过多重审计（如OpenZeppelin、Trail of Bits交叉审查）、形式化验证使用（Certora工具对合约进行数学证明）及应急机制（关键操作设置延迟审核）构建防御体系。若忽视系统性防护，再庞大的金融系统也可能因微小漏洞而崩溃。

金融安全不能仅依靠代码本身。而稳定币面临的主要的技术攻击手段可分为以下四类。

（1）重入攻击。攻击者利用智能合约状态更新的滞后性，在单次交易中反复调用提款函数盗取资金。Curve遭遇的就是重入攻击，攻击者在提现过程中反复调用提款函数，让系统来不及更新余额，给Curve带来巨大损失。此类攻击的核心风险在于合约未遵循"先更新状态再转账"的安全原则。

（2）预言机操控。稳定币高度依赖预言机获取链下资产价格。例如，某算法稳定币可能根据ETH价格决定是否增发、回收，如果攻击者操纵预言机价格数据（如利用低流动性喂价），就能骗取超额铸币权利或强行清算他人资产。

（3）"闪电贷"攻击。"闪电贷"是一种无须抵押即可从智能合约池中借入加密资产的机制，它允许用户在同一个区块链交易中借贷和快速偿还。攻击者在一个区块内借入巨额资金操纵市场，并在区块结束前归还贷款，就可以扭曲抵押率，触发清算非法获利，攻击过程在链上几乎无痕。许多算法稳定币曾因其清算机制设计不当，受到此类攻击。

（4）管理员密钥滥用（Admin Key Abuse）。有些项目虽然声称去中心化，但仍保留着中心化权限密钥，持有中心化权限密钥就可以获得合约升级或暂停的权限。若这些密钥被滥用，或被黑客窃取，就可能导致"治理劫持"。

所以，当我们说稳定币"靠代码守门"时，其实是在赌一个信念：没人犯错，亦无心怀恶意之人。可历史告诉我们，越是复杂的系统，越容易崩塌于一个意想不到的问题。

一枚价值数十亿美元的稳定币，可能因为一段缺少注释的代码、一个被篡改的价格数据源、一个临时被盗的私钥而瞬间归零，没有预警，更无法补救。

19.3 平台"跑路"与信任崩塌：USDT们真能兑现承诺吗？

当我们谈论去中心化金融时，常常忽略一个事实：大多数稳定币，尤其是规模很大的稳定币，根本不是真正的去中心化，它们的"命门"，被牢牢控制在几个银行账户上。

以USDT为例，这个全球最大规模的稳定币，市值超过千亿美元，其运作逻辑很简单：先将足够多的美元存入银行并冻结，然后在区块链上铸造等量的USDT代币，用户用这些代币进行交易、清算或跨境结算。这听起来是不是像极了"数字票据系统"？

但问题在于：这一切建立在"平台没有撒谎"的前提下。就像一个19世纪的商人把金币存入一家私人银行换取纸质票据，这家私人银行虽然承诺"你随时可以拿纸质票据来兑金币"，但你并不知道这家银行的金库里到底有没有那么多金币。因为无法核实，所以你只能"相信"。这就是USDT的困境：它是建立在信任基础上的去信任货币。

历史上的"信任崩塌"从不稀奇。2008年的雷曼兄弟破产、2023年的硅谷银行爆雷，都有一个共同特征——用户以为自己的资产是可以随时提取的，但危机发生时，才发现已经陷入网页打不开、提款失败、客服消失、监管缺席的困境。

FTX的稳定币池中曾锁定价值数十亿美元的USDT和USDC，但这些代币在短短几天的时间内持仓量断崖式缩水，因为平台没有破产前，并没有监管机构来验证其链下资产的真实性；而一旦平台出现问题，即便链上的代币还在，也可能永远无法兑现。

Tether曾因其美元储备成分饱受质疑：你的储备到底是真金白银，还是企业债券、商业票据，抑或某些不可流动的资产？虽然官方多次发布储备报告，但这些报告并不是真正意义上的"审计"，更像是公司声明——你信，我就继续存在；你不信，我也无法自证清白。

Circle看似更透明，它与摩根大通等银行合作，接受会计师事务所审计并提供储备认证报告，可它依然面临一个问题：法币存款在银行，若银行破产、被冻结、遭遇制裁，这些链上美元是否还能兑现？

因此，平台"跑路"风险其实不是诈骗项目才有，哪怕是"正规军"，哪怕有大银行背书，也可能突然遭遇危机。历史上的金融崩盘，不一定全是因为账目错误，很多是因为用户突然集体意识到："我不该再信任它了。"

这种信任崩塌往往来得迅速、残酷、毫无预警：一条新闻、一些流言，就可能引发系统崩溃。

你以为自己握着的USDT像美元，其实它更像是20世纪30年代美国各州民间银行发行的"地方券"——一旦发行方倒下，它就失去了价值。

稳定币的最大风险不是算法错误或代码漏洞，而是那个承诺随时兑现的平台其实随时可能说谎或消失。

19.4　恶意挤兑与"链上银行危机"：谁来当"最后贷款人"？

银行是信用中介，稳定币则是价值共识的载体。二者都面临同一个经典风险——挤兑。

金融史上最有名的一次挤兑，发生在美国经济大萧条初期，一条某银行即将破产的谣言传出，储户纷纷涌到该银行门口，排起长队提取现金。

银行本是按存贷比储备现金的,它无法满足所有储户同时取现的需求,最终崩溃。

这就是挤兑——不是因为银行没钱,而是因为所有人同时要钱。

类似场景也在加密世界上演。

2022年,UST遭大规模抛售,引发其关联代币Luna疯狂增发。不到48小时,市值曾达百亿美元的双币系统归零。这不只是简单的市场波动,更是一场针对算法漏洞的恶意攻击,也是典型的"链上银行危机"。

那么问题来了:链上的稳定币,如果遭遇大规模同时赎回,谁来"接盘"做"最后贷款人"?

答案是:没有。

如果一个稳定币系统没有美联储、没有央行、没有紧急流动性支持,只依赖预设的智能合约规则,就会成为没有消防系统的城市,一旦发生火灾,只能任其蔓延。

以去中心化稳定币DAI为例,它由ETH、USDC等资产超额抵押支持。但当ETH价格暴跌时,清算速度可能赶不上市场恐慌蔓延速度:链上流动性枯竭、价格预言机失效、清算者缺席,系统就会陷入死亡螺旋。

更值得警惕的是,有些攻击者早已学会如何通过制造挤兑来套利:首先,攻击者借助媒体或匿名渠道制造恐慌,触发市场抛售;其次,利用提前部署的清算机器人在价格暴跌时批量清算他人资产;最后,以低价吸收抛售的筹码,待价格稳定后重新入场。这是典型的"链上投机战术"——它利用的是系统规则,是人性,是链上协议冷酷无情的数学逻辑。

你可能会问:传统银行都有"最后贷款人",链上为什么不能设一个"链上央行"来应急?

但现实困境是:谁来充当"链上央行"的角色?资金来源于何处?决策权归谁?当一切规则已经预设为自动执行的程序时,就意味着无人可以临时做出决策。链上系统没有缓冲机制,只有两种状态:稳定运行,或彻底崩盘。

没有"最后贷款人",没有应急机制,就没有喘息空间。一旦市场情绪突破临界点,系统将直接坠入挤兑的"深渊"。

19.5 物理风险:基础设施与人为风险

很多人以为稳定币运行在链上,似乎就天然具备了某种"物理免疫力",毕竟它不像银行,不需要金库,不需要营业大厅,也无须人工操作。只要以太坊继续出块,合约还在运行,稳定币系统就能自动运转。

但事实果真如此吗?

我们先来思考一个问题:稳定币的最终价值兑现,能否完全脱离现实世界?

从本质上看,稳定币如同链上"支付凭证",要将其兑换为实际资产,仍需通过现实世界的多重通道:API接口、数据源服务器、银行账户、审计系统、离线存储设备等。任一环节中断,兑换流程都无法完成。

所以稳定币仍存在"物理风险"。

(1)服务器风险。

稳定币依赖的前端门户、API接口、链上喂价系统等核心基础设施,大多部署在亚马逊云服务(AWS)、Google Cloud或阿里云等中心化云服务器上。这些服务器都有明确的地理坐标、所有权归属与法律管辖权。

如果服务器所属国家或地区禁止或制裁稳定币,只需一纸制裁令,就可以令一个API接口失效;一个数据中心被查封,就会让预言机失效;一次DNS攻击,就可以让整个钱包网站"404"。

典型案例是2025年美国联合多国执法机构对俄罗斯加密货币交易所

Garantex实施制裁，导致Garantex的线上基础设施被关闭，相关域名被扣押，管理者被起诉，即便智能合约还在，用户也无法正常交易。

稳定币也面临着同样的困境：核心合约虽部署于区块链，但关键基础设施仍受制于现实服务器的物理控制。若服务器遭遇断电、劫持、黑客入侵，甚至被查封，整个稳定币生态就会陷入瘫痪状态。

（2）核心权限高度集中的风险。

无论算法系统是简单还是复杂，都需要有人来维护、升级、紧急响应。

现实中，许多稳定币项目的治理密钥仍由少数人掌握。比如，Tether由Deltec银行托管部分美元储备，MakerDAO的关键治理权限曾被六七位核心成员控制；USDC的应急管理机制也高度集中于Circle公司。

这种由少数人控制核心权限的机制，可能存在重大风险：若核心人员被胁迫、失联或遭遇意外，系统可能面临治理权限被劫持、资产冻结或功能瘫痪的威胁。

（3）冷钱包与硬件设备的安全隐患。

所有链上稳定币的抵押资产、合约执行权限、DAO金库等核心资产，最终都存储在某个冷钱包、多签钱包或者硬件密钥中。这些设备必须在线下妥善保管，且需要定期更新、多人签名操作。

一旦这些设备遭到物理破坏、劫持或密钥丢失，后果将是灾难性的。2019年加拿大交易所QuadrigaCX创始人意外去世，约2亿美元的资产被"锁死"在密码钱包中。此事件暴露了密钥管理的单点故障风险。

（4）国家监管的强制性干预。

别忘了，稳定币的核心抵押资产（如美元存款、国债、票据）均存储于传统银行系统，须接受国家监管。若某国政府以反洗钱、维护国家安全或反恐融资为由发布冻结令，相关银行账户、关联人员及数据通道将立即受到影响。

稳定币并非纯数字的"链上幽灵"，它需要服务器，需要硬件设备，需要人员管理，需要托管，需要电，需要网络。这种对现实世界的多重依赖，使其始终面临国家强制力的干预。

19.6　算法操控与治理漏洞

去中心化在加密世界几乎是信仰般的存在，就像一个写着自由与平等的"宪章"，挂在每一个项目的主页上。但这个"宪章"究竟是写给谁看的？谁又真的遵守？

实际执行常与宣称的原则背离，这一矛盾在算法稳定币项目中尤为突出。

我们来谈一个现实的案例。

DeFi曾经的明星项目Fei Protocol自诩"算法稳定币的新希望"，标榜自己"完全链上化""完全去中心化"，承诺DAO治理者可以通过投票来决定铸币、赎回、参数调整等一切操作。但上线不过数月，团队就发现系统遭遇了攻击且链上部分功能异常。于是，他们手动激活紧急权限，单方面冻结用户资产。

一边高举去中心化的大旗，一边却用管理员权限把链上的金库一键锁死，这不是政治讽刺，这是区块链现实。

对链上资产进行直接控制，这种现象在加密货币世界中从来不是特例。

DAO治理听起来美好——投票机制、代币分权、智能合约执行，但我们仔细看看DAO的结构，便会发现三个残酷的事实。

（1）投票权高度集中。

很多DAO项目的投票权高度集中于早期投资者、持币大户及核心开发者，这种权力分布导致治理过程呈现"寡头化"特征——普通成员虽有权提案，但没有权限推动；有权参与治理，但没有权限做出决策。

（2）合约权限的中心化干预风险。

为应对安全威胁，许多稳定币系统设计了"紧急暂停""参数调整""合约升级"等功能，但此类关键操作的执行权限通常由特定的多签钱包或开发团队掌控。

这意味着，当系统出问题时，DAO不是自动修复，而是依赖人为干预。这种设计实质上使去中心化治理退化为中心化决策模式。

我们必须意识到一个危险趋势：DAO很可能成为"链上利益集团的温床"。

例如，不少稳定币项目曾遭遇"治理攻击者"的攻击：攻击者通过低价囤积代币发起恶意提案，试图将金库转至私人账户；部分项目的治理权被少数持币大户控制，以"去中心化"之名行排他性决策之实；开发团队持有大量治理代币，在涉及自身权益的提案中既当提案方又当投票方，此类提案常以"社区高票通过"名义公告，实则违背治理公平性原则。

（3）技术治理的权责模糊性风险。

在传统体系中，权力主体与责任边界通常有明确定义，但在稳定币系统里，治理结构往往高度技术化、模糊化，有时候出现问题，甚至找不到"谁该负责"。

链上治理合约中的参数决定了资产的铸造速度、清算幅度、回购门槛……这些参数是冷冰冰的代码，却对系统资产有实质性的支配力。

更关键的问题在于：这些核心参数，可以由少数治理者通过"热更新"功能即时调整。这种设计意味着系统规则并非不可变更，因此缺乏稳定性保障，会使治理机制流于形式化。

去中心化，到底是理想，还是幻想？

稳定币的系统始终面临着一个核心矛盾：其技术架构宣扬"自动执行、算法调控"，实际治理中却难以规避权力集中。

对"自动执行"与"算法调控"的过度强调，往往会掩盖一个关键问题——稳定币背后的决策权，最终由谁掌控？

这种隐蔽的权力一旦被滥用，不仅会摧毁系统信任，还会将"去中心化"变成一场"技术独裁"的骗局。

但这种"骗局"，又很难锁定真正的责任者：你批评不了开发者，因为他们只负责写智能合约；你质疑不了治理团队，因为所有决策都源于"社区投票"；你投诉不了平台，因为它是去中心化的。

19.7　FUD 传播：信心是脆弱的锚

常见的稳定币运行机制包括法币抵押、算法调控、超额担保、链上清算等，那你是否想过，这些机制的根基是什么？

答案其实只有两个字：信心。

稳定币不是黄金，不是铁矿，它是"数字信用的压缩包"。你相信它值1美元，它就值1美元；只要你开始怀疑它，它的价格就会立刻开始波动。

货币的锚，表面上看是资产，实际上是信心。

FUD 是"币圈"常见的词，其全称是"Fear, Uncertainty, Doubt"（恐惧、不确定性与怀疑）。它听起来像是社交舆论的副产品，但对虚拟货币来说，FUD 像极了极具杀伤力的病毒。

稳定币的系统再强大，也扛不住信心崩塌带来的冲击。我们在前面的章节反复提及 Luna 的崩盘，起初 UST 只是轻微脱锚，价格从1美元跌至0.98美元。但随后社交媒体出现"UST 或存在死亡螺旋风险""Luna 储备机制不稳定"等言论，这些未经验证的信息迅速引发市场恐慌，导致用户大规模赎回 UST。

大规模挤兑导致系统性清算机制崩溃，Luna疯狂增发，UST价格最终跌至0.02美元以下。在24小时内，相关资产总市值蒸发几百亿美元。

这是FUD传播几乎摧毁稳定币项目的典型例子。

很多人以为，USDC、USDT这类法币抵押型稳定币具备高稳定性，毕竟这类稳定币的背后有美元资产、银行账户、审计报告等支持。但现实是多数用户不会验证它们的银行储备报告，人们的情绪非常容易受到价格波动与舆论干扰。

硅谷银行破产后，Circle公司披露其33亿美元USDC储备因硅谷银行破产而暂时无法提取，社交媒体迅速出现"USDC兑付危机"等言论，引发市场恐慌，USDC价格在短时间内大幅波动，一度跌至0.87美元。幸好，尽管市场出现流动性紧张，但未出现完全兑付危机，市场逐步恢复。

这正是心理锚"断裂"的典型案例。

稳定币的稳定性并非仅由储备资产保证，而更依赖市场参与者的集体信心。

共识的瓦解速度远超技术防御能力，一个未经证实的传言、情绪化的传播内容，都可能触发信任危机。

在社交媒体时代，共识比算法更易被攻破。

人们之所以使用稳定币，是希望借助它规避加密市场的波动损失，但历史一次次表明：稳定币本身不是风暴之外的石头，而是风暴中心的玻璃瓶罐头。

每一次熊市、每一次"黑天鹅"、每一次监管风声，人们首先被质疑的往往就是："这个稳定币到底还能不能兑现？"

当市场质疑演变为"自我实现的预言"，稳定币便从信心锚点转化为风险之源。

在技术层面，我们确实可以设计出各种智能合约，但无法通过代码强制建立"用户永远相信我"的机制。

而信心作为稳定币系统的基石，这种无形性、易碎性及不可替代的特点，正是所有稳定币模型都无法规避的根本弱点。

19.8　稳定币的现实约束与脆弱性

在理想主义者眼中，代码是世界的共通语言，算力是新秩序的基石，而虚拟货币的特质决定它有超越主权、种族与国界的可能。

可现实是，稳定币永远不可能独立于主权体系之外。它虽运行在链上，但核心要素，如法币储备、服务器位置、司法辖区等，都还在主权国家体系内，这决定了它不可能脱离现实环境独立运行。

但加密货币诞生之初，很多人以为它会逐渐成为全球通用货币：你在东京兑换的USDC，既可以在开罗兑换成ETH，又能够在胡志明市用于支付工资。

可现实中，在很多国家，加密货币都是被严格限制甚至被禁止使用的，例如，印度政府曾明令禁止私营加密货币的流通；土耳其限制稳定币在本国金融系统中进行清算；尼日利亚不断收紧加密资产兑换政策。

以USDT为例，其发行主体Tether注册于巴哈马，美元储备存放在多个国家的商业银行，智能合约部署于以太坊。但如果它对美国的金融安全构成威胁，美国司法机构就可以冻结Tether的在美资产，联合巴哈马当局限制其清算通道，即便区块链网络照常运行，USDT的兑付能力与价格锚定也将面临严峻挑战。

对稳定币来说，"全球通用"的设想，也正在被日益强化的司法壁垒阻隔。监管的差异正在使稳定币向"区域化"模式演进——不同法域下的稳定币须适配本地法规，其在不同司法管辖区的流通会受到制约。

除了国家监管，还有一个看似极端却并非不可能发生的影响：战争。

在国际关系紧张或发生军事冲突的背景下，稳定币系统就会充分暴露出其在极端环境中的脆弱性：

若两个国家或地区之间的光缆被切断，网络中断，链上各节点间的同步就会中断，稳定币的相关系统就会直接瘫痪；

若主权国家宣布链上资产为非法金融工具，稳定币就会在整个法域内"被驱逐"；若某些国家使用电磁攻击、卫星干扰等作战手段，稳定币系统就会出现服务器宕机、节点失联、冷钱包失效等问题，"永不停止的合约"就会变成"冰冷的数据尸体"。

除了网络，稳定币还有一个赖以生存的支柱——电力。

稳定币的每一环节，如合约执行、价格锚定、跨链转移，均高度依赖电力。在极端场景中，如电网大规模故障、严重自然灾害摧毁电力基础设施等，稳定币系统就会陷入瘫痪。

在传统金融体系中，面对极端灾难情况，央行有权增发货币，银行可采取暂停取款措施，国家则能宣布进入紧急状态，以便动员各方资源。该体系尽管存在效率低下、高度中心化以及反应迟缓的问题，却具有强韧的人工修复能力。

而稳定币系统缺乏这种强有力的调控与保障。

稳定币若想长期、稳定地发展下去，必须解决电力依赖问题，考虑能否通过离线签名等技术手段，构建稳定币的"物理存证"或跨媒介的备份机制，提升对抗"金融熵增"的物理存续能力。

如果这些能力缺位，那么稳定币就只能活在和平、有网、有电、有规则、有信任的"黄金时代"里。但我们知道，这种"黄金时代"并不是常态。

第20章 何谓稳定？

康德提出三大哲学问题：我能知道什么？我应该做什么？我可以希望什么？

稳定币让我们不得不重新面对这三个问题：我们能否"知道"某个稳定币真正锚定的价值基础？我们"应该"将全球支付清算系统托付给不可逆的智能合约吗？若未来的货币体系不再依赖国家，我们"希望"获得的是自由，还是某种新的控制形式？

稳定，它是否只是人类恐惧不确定性的产物？

20.1 共识构建：稳定币的信任逻辑

传统货币体系建立在制度化的信任基础之上，核心是国家主权的铸币权，这套体系的运行依赖于法律授权与中心化治理。

稳定币的出现，展示了另一种信任构建的可能：它不依托特定国家主权，却能在日常交易中被接受——既可以用于购买咖啡、支付租金，又可以作为跨境储值的一种选择。

算法、锚定、智能合约、审计报告、链上流动性……这些过去很多人根本没有听说过的词语，好像忽然就构成了一个新的"信任建筑"。但这其实并不是金融产品的创新，而是对金融基础设施运行逻辑的一种变革。

一个由代码与共识组成的"去主权化货币体系"，正在对传统货币体系的运行模式提出挑战。

过去两百年间，货币的价值锚定经历了从黄金、石油美元体系到国家信用、央行资产负债表的演变；未来，它或许将转而锚定"网络吞吐量""用户钱包数量"等指标。

其实，在某种程度上，我们可以这样认为：稳定币锚定什么其实并不极其重要，真正重要的是，用户相信稳定币是"钱"，那么它就会被承认、能流通。

稳定币的核心目标，从来不是成为一个精确的计价工具，而是成为新的"共识"，成为靠算力、代码与合约就可以自动运行的信任系统。

稳定币可视作这一变革的先驱，未来还会有更多类似的创新货币工具涌现。

高度透明的稳定币可通过技术手段进行审计，以现实资产作为价值支撑，运作符合相关法规，交易记录在区块链上清晰可查；更注重隐私保护的匿名货币则通常会通过技术手段抵抗审查和资产冻结，交易活动难以追踪，可能会被应用于违法违规的灰色交易。很多匿名货币的核心价值并非投机增值，而在于确保用户资产"不可被外力剥夺"。

这两种货币系统，代表了"监管透明"与"隐私保护"两种不同的诉求，它们看似对立，实际可能长期共存，共同构成未来世界最可能出现的货币格局：透明与匿名并存，秩序与混乱博弈。

可以设想这样一个世界：在纽约，一家跨国公司采用USDC进行全球结算,流程合规、高效便捷;在拉各斯,一位年轻人通过Telegram使用USDT购买了一台二手发电机,以此规避其国内法定货币的恶性通胀;在东京,一位母亲因为对日本的利率政策不满,选择持有HKDG作为部分储蓄……

这些交易并不会发生在单一的、统一的金融系统内,它们实际运行在两种不同的货币空间:一个空间处于明确的监管框架之内,另一个空间则运行在相对隐秘的环境之中。这种并存格局,在某种程度上类似于金本位制时期官方货币与地方性货币共同流通的现象。

未来的某一天,我们的个人钱包里可能同时存放着央行发行的数字货币、社区自治的稳定币、企业背书的稳定币,以及其他注重隐私保护的加密资产。

那时,个人资产的安全性将不再完全依赖单一国家或机构,而是能够实现合规透明要求与个人隐私保护双重需求的平衡。

20.2 金融主权的边界在哪里?

在中东、拉美、东南亚的部分国家,街头商户接受使用USDT进行交易,而本国货币正逐渐被边缘化;离岸账户直接绑定稳定币钱包,通过链上清算规避资本管制;面对高通胀,民众不再抗议,而是集体转向稳定币系统。

这是一种以沉默方式实现的"去主权化"金融迁移。

一些中小国家由于本国货币信用长期依赖美元、欧元或人民币,既缺乏国际结算话语权,又难以建立有效的数字货币体系,加之经济开放度高而监管资源有限,稳定币对其而言兼具"冲击性"与"实用性"。

这种矛盾导致这些国家的主权货币逐渐不被认可。

针对这些问题，相应国家该如何应对？

（1）数字金融边界的重构。

国家须建立新型监管框架——不再依赖物理边界，而是通过钱包身份识别系统、合规链上监控及跨链追踪技术，虚拟化"金融国界"，将用户的每一次链上转账纳入监管体系。

（2）税务与数字身份深度绑定。

稳定币不被很多主权国家承认的原因之一，是它切断了传统纳税路径。针对这一问题，国家的应对策略不应是禁止，而应是接管——将税收系统与链上数字身份系统绑定，将税收机制嵌入钱包。例如，用户可以使用USDC，但相应的交易和收入等都将被系统记录，可直接生成纳税记录。这需要将国家税务系统与DeFi协议深度整合。

（3）发行国家主导的稳定币。

通过法律，强制要求本地交易平台仅支持本国锚定型稳定币与法币兑换，逐步挤压外部稳定币的流通空间。

（4）建设自主清算基础设施。

稳定币对本国法定货币产生冲击的根源之一，在于本币的清算能力不足。若要解决这个问题，就需要提升本币的清算能力；要提升清算能力，就要建设好自主清算的基础设施，通过打通本国央行发行的数字货币与稳定币的清算道路，可有效管控资金的流动。

此举并非抵制稳定币，而是将其纳入国家主导的清算体系。

（5）掌控协议治理权。

国家必须掌控稳定币协议本身的治理权。

国家可通过控股稳定币发行公司、强制将其接入审计系统或要求相关发行者公开稳定币的参数调节流程，以获得对稳定币协议的控制权。

一旦稳定币的治理权被外部平台长期把持，稳定币便可能动摇国家金融的根基。

设想一下：部分中小国家的国债转向链上融资，其央行利率不再影响企业的借贷决策，财政刺激被链上流动性抵消，民众信任的不再是国家财政，而是稳定币平台上的去中心化协议。

稳定币本身不是洪水猛兽，但如果一个国家无力掌控它、应对它，它就可能成为引发本国金融体系崩塌的导火索。

主权国家必须具备三大能力：与算法博弈的技术、重建清算体系的方法、重构财政权限的机制，从"货币发行者"转型为"协议规则制定者"。

20.3 链上"中央银行"是否足够稳固？

未来某天，当你重新审视货币体系时，可能会发现"中央银行"的概念已不再局限于特定实体机构，而可能演变为在区块链上运行的智能合约系统。

这种体系无须依赖人工决策，也不需要传统复杂的决议流程："利率政策"可由链上预言机获取实时数据后自动计算得出；"货币发行量"由预设的抵押系数和流动性参数决定……这便是链上世界的中央银行形态。

历史上，中央银行的权力高度集中，它决定着基准利率、货币乘数，以及通货膨胀的节奏。

然而，一旦决策失误，如货币供给过度宽松或紧缩、利率调整滞后等，都可能引发国家金融体系的危机。

2008年如此，2020年亦如是。

于是，有些人开始寻找"弱化中央银行干预"的可能路径——不是不要中央银行，而是希望减少其对货币的干预。

以MakerDAO体系为例，它未经任何国家授权，却通过抵押资产、清算机制、稳定费率与治理投票构成了一套完整的"货币发行与回收机制"——这是链上文明第一次系统性模拟中央银行的货币职能。

这实质上是一种算法化的中央银行雏形———种无主权身份却具备市场调节功能的自动化系统。

类似地，FRAX、Liquity、Reflexer、GHO 等也在进行类似的智能模拟，这些实践回应了 21 世纪金融的核心命题：如果没有国家主权，谁能成为可信的价值锚点？

链上体系给出的答案是——规则优于人治，协议比行政指令稳定，可验证的透明度远比口头承诺更能令人信服。

但这个答案也并不完美。

链上"中央银行"面临的问题同样严峻。它缺乏宏观判断力，无法处理突发的地缘冲突；预言机易受操控，治理可能被大型投资者主导；它无法对抗 FUD，不存在"最后贷款人"，更缺乏干预实体经济的政策工具。

它看起来像"中央银行"，实则更像一个"被动调节系统"——它可以调节波动，但无法掌控风暴。

20.4 如果企业成为货币的主人

在未来，是否存在国家丧失货币控制权，而企业成为货币主导者的可能？

Facebook 在 Libra 白皮书中宣称要发行"简单的、无国界的货币"，虽然此宏伟目标已经无法实现，但这一尝试让一些科技巨头开始思考：为什么我们只能作为收付款的通道，却不能发行货币？为什么我们拥有几十亿用户，却还得靠国家货币体系充当流动性中介？

苹果公司就并不满足于只作为支付通道，它正在尝试通过"用户信用评级+交易流追踪+Apple Card资金回流"体系，构建闭环金融生态。

微信支付已接入数字人民币的支付功能，微信用户可以在数字人民币App内开通"钱包快付"功能。

亚马逊曾试图发行亚马逊币，虽未广泛落地，但其跨境清算体系构建了平台内部的金融基础设施，优化了跨境资金流动。

Facebook的Libra项目终止后，其区块链子公司Novi的技术储备仍在等待AI与元宇宙场景的激活机会。

这些尝试在某种程度上已超越支付工具的范畴，直指下一代"价值定义权"的争夺。

现在我们大胆想象这样的生态闭环：

在苹果生态里，你的Face ID绑定钱包，每完成一笔交易就自动生成相应的智能标签，AI根据这些标签来识别你的消费习惯，并通过苹果公司发行的稳定币进行结算。用"苹果稳定币"完成支付后就可以获得平台积分，而这些平台积分也可以兑换成相应数量的"苹果稳定币"。在这个过程中，你的每一笔支付使用的不再是美元等主权货币，而是苹果定义的数字信用单元。

与苹果生态类似，在微信生态中，你的社交、购物、出行、医疗等都被集中于一个"超级微信钱包"，你的大多数活动所使用的货币也不是传统的人民币，而是"国有稳定币+企业积分+链上Token"三位一体的"混合型数字信用"。你并未脱离主权货币框架，却已经被企业构建的"扩展型金融空间"所包裹。

当苹果、微信等平台发展到一定规模的时候，它即便无法取代主权货币，也可以通过包裹、重构、植入等手段，定义一套新的"内循环货币秩序"。

而作为用户，你不会意识到自己正在被这种"内循环货币秩序"覆盖，因为你照旧能在平台中支付、提现、充值、理财，还能看到钱包余额的数字后面仍旧标注着人民币或者美元等单位，看似一切未变，但实际上，你的钱此时不再由国家定义，而是平台发行的稳定币，这些稳定币虽挂钩法币，但发行规则由企业制定；交易不再依赖SWIFT或银行，而由智能合约直接完成；你的社交、消费等数据都会转化为隐性信用评分，影响你的贷款利率、交易权限。

如果企业同时掌控社交网络、支付入口、AI中枢、稳定币清算四大基础设施，就等于构建了"数字主权体"——没有军队，没有宪法，却可能拥有比国家更精细的经济治理能力。

企业会成为货币最后的主人吗？这个问题值得我们每个人思考。

20.5　稳定币究竟是工具，还是秩序替代物？

当稳定币通过区块链进行交易时，表面看只是完成了支付操作，但放在人类文明发展的长河中观察，它不仅是货币形式的革新，更是人类协作方式的重构。

我们很难断定它仅仅是服务人类的工具，还是未来会替代传统经济秩序的新系统。

稳定币本身只是工具，既可能带来进步，也可能带来风险。它能帮助我们修整旧体系的缺陷，用算法建立新规则；也可能因为承载过多期望而令人失望——我们往往将维系信任、公平与权力的重担寄托于它的价格稳定，误以为它能替代国家、超越法律、克服人性的局限。

但实际上，人类社会面临的最大危险，往往不在失控之时，而在误以为自己已经掌控一切之时。

未来的某天，当你用一枚AI设计的稳定币在电商平台购物、在区块链平台上投票、在虚拟国家登记身份、按智能合约安排教育预算、在元宇宙等虚拟世界里购买数字藏品时，你可能意识不到：支撑这一切秩序的根本，不再是传统法律、国家主权或黄金储备，而是虚拟货币系统。

稳定币能否永远保持稳定？没有人能保证。

稳定币一定是进步的象征吗？目前也没人敢断言。

稳定币或许不仅是工具，它更像一扇门，连接着由货币主权主导的传统金融秩序与由算法规则构建的新体系，连接着集体认同与个体账户，连接着现实世界的结算需求与虚拟空间的运转逻辑。

它可能是通向下一个纪元的文明密码本。

稳定币能否真正永远服务于人类，不取决于它是否存在，而在于我们能否在它设定的规则中，始终保留人类的尊严、独立判断能力和自由选择权。

我们不惧怕系统变得强大，真正值得警惕的是，在一个由区块链驱动的世界里，我们可能已被自己所创造的稳定规则所塑造、所定义。

20.6 货币，能永远掌握在人类手中吗？

文明的"下一跳"，可能并不是"人类的更高进化"，而是"人类被另一个智能所接管"。这种智能并非外星生物，也非神灵，而可能是我们人类亲手创造的AI。

AI正在融入人类生活的方方面面：它可以是老师、伴侣、决策顾问、医疗助手、法律分析员、舆情管理者，也可以成为货币流通与结算系统的核心调度者。而稳定币，在这个系统中，可能会逐渐演变成一种新的数字化的控制语言。

AI既不需要钞票,又不需要银行。它不理解什么是"宏观调控""财政赤字""货币政策",它只能理解模型、参数、效率与激励机制。

于是,稳定币或许能成为最适配AI文明的金融形态——透明,可自动调用、自动清算,编程可控,无须中心化机构许可。

这一切的起点,可能是智能合约技术与AI的有机结合。

设想一个场景:你的AI助手负责管理你的日常消费管理、理财筛选和健康计划制订,你只需发出指令,它便能通过智能合约从你的数字钱包中自动支付30个USDC给健身教练,抵押50个DAI换取RWA债券池的份额来做投资……整个过程你无须操作任何App,仅需与AI对话即可。

这时,货币的使用权,实质上已经部分脱离了人的主动决策。

更进一步,假设你的AI助手拥有链上数字身份,能代表你参与DAO的治理投票,它会基于算法帮你投票,评估不同提案的风险等级。它可以根据你的行为数据和偏好,自动为你争取治理奖励或抵押资格。

稳定币在此情境下已不仅是人与人交易的媒介,更是AI用来调配人类资产与执行人类治理意愿的关键指令。

稳定币与AI的自主交易其实已经萌芽。

当企业将业务流程外包给AI模型,当智能供应链完全由智能合约调度,当去中心化平台将AI代理视为治理参与者,由AI构成的"自主经济循环"系统就已经开始形成。

这引发一个深刻的问题:当人类无法直接操作自己的数字钱包时,钱包里的货币是否还属于我们?

当AI能评估你的信贷风险、生成你的行为模型并决定你的资产流向时,稳定币不过是它调度你经济生命的"权限令牌"。你甚至不会觉得不适应,因为你习惯了让AI代办事务、代管资产甚至代你思考,你只需对它说一句"帮我进行稳健点儿的投资",剩下的便可全交由链上系统与AI执行。你觉得这是提高效率,实际上你已经不知不觉地将货币的实际控制权交付了出去。

此时,货币的定义悄然转变——它不仅是人类交换物品时使用的一般等价物,而且变成了AI组织社会资源、安排经济活动、治理协作的中介物。

它还是人类的货币吗?

表面上,我们或许仍持有钱包私钥,但实际上,我们已经失去对它的掌控力;钱包依旧与我们关联,但其内部发生的具体操作,我们未必知情。

20.7　稳定,真的存在吗?

在货币的历史中,绝对的稳定从未真正实现。

金本位制曾崩溃,法币会贬值,国家有兴衰,神权也曾动摇。每一次金融危机,都揭示了"稳定"的脆弱性。

而今天,我们试图将稳定写入代码,期望用算法控制波动,用智能合约驯服风险,用区块链留存永恒。

但我们真的知道什么是稳定吗?哲学意义上的稳定,从不是数据上的绝对不变,而是在变化的世界中保持一种可预测性,它意味着明天可以延续今天的价值逻辑,意味着我们能够对未来的基本规则保持信任。

现实世界是不断变化的。

之前,人们认为黄金代表"恒久价值",但它依赖的是供需关系与有限的开采量;我们称法币体现"国家信用",但它本质上是对债务体系的制度化管理;我们称央行是价值之"锚",但它也只是一个权衡政治与经济的机构——其决策会随环境的变化而变化。

稳定,并非客观存在的现象,它是人类在复杂世界中主动构建的一种秩序感。稳定币，就是这种秩序感的最新尝试。它试图用程序替代央行职能、用算法化的抵押机制模拟金本位，用多元资产组合分散风险。

从表面上看，它已不再依赖政治权力的支持，也不依赖稀缺金属的资源储备，而是凭借代码透明性、市场竞争机制及社区的自治管理来运作。

但这些新机制，真能承载人类对持久稳定的追求吗？

稳定币体现了四重深刻的矛盾。

（1）第一重：秩序与自由的冲突。

我们渴望自由——自由交易、自由流通、自由创造货币形式。然而，过度的自由又可能带来欺诈、投机和市场混乱。于是我们创造稳定币，在自由开放的框架内设定规则。

但正因为需要边界，权力也随之产生。每一个算法规则背后都有一种管理逻辑。稳定币并非纯粹自由的象征，而是自由与控制之间达成的一种平衡。

（2）第二重：真实与映射的冲突。

稳定币宣称锚定美元或现实价值，但所有的锚定都只是对现实价值的一种数字化表达，这种表达不可避免地存在偏差、滞后和理解上的差异。

我们锚定的往往是过去形成的价格体系或价值单位，这些体系本身也在演变。稳定币实际上是一种"数字映射物"，它不是现实本身，而是人类希望维持某种价值秩序不变的数字化努力。

（3）第三重：变化与不变的冲突。

算法可以设定固定的公式，却无法控制市场的动态变化。即使是最严谨的清算机制、最保守的抵押比例、最完善的治理结构，在难以预测的人性和外部冲击面前，也很难经受住考验。

稳定币试图用代码追求不变的价值，但它运行在一个充满不确定性的世界里。它的稳定本质上是脆弱的，需要近乎完美的市场平衡才能维持。然而现实世界，恰恰是并不完美的博弈场。

（4）第四重：信任与不可验证的冲突。

我们曾以为区块链技术能解决信任问题，稳定币也在告诉我们：你只需相信代码，无须相信人。然而，代码的规则由谁制定？关键参数如何设定？外部数据源如何定价？中心化机构是否存在不透明的操作？这些问题的答案往往难以完全验证。

稳定币，实际上是对"信任"问题的一种新探索。它没有消除信任，而是重新定义了信任的载体。

因此，稳定币折射出我们这个时代的一个哲学命题：在一个充满变化的世界里，人类是否还能构建一种无须权威、无须武力、无须神权的秩序逻辑？

在智能时代，代码是否可以代替信仰，代替规则，甚至重塑文明？

稳定币，不仅是金融创新的产物，也深刻反映了人类对秩序永恒的渴望。它是一种对永恒的程序化模仿，是一种对秩序的数字化祈祷，也是我们用技术语言向世界宣告"我们依然选择相信秩序"的尝试。

未来，稳定币是否能够取代现有的法币体系，成为金融系统的根基？答案或许不确定，但它的价值在于它所代表的人类集体实践：在不稳定中寻找秩序，在混沌中自我设锚。

这正是人类从石器时代到AI时代，从部落图腾到数字凭证，从神权神庙到智能合约的进化过程中，最具诗意的文明探索轨迹。